不確実な時代を生きる
武器としての憲法入門

大城 聡

旬報社

はじめに

なぜ憲法を知る必要があるのか。法律を専門にしていない大学一年生に憲法入門の講義をするにあたって、自分に問いかけたことです。

憲法は私たちが「生きるための武器」となる。講義のコンセプトとなったこの答えが、本書でみなさんに伝えたいことです。

この本では、弁護士である私の経験も紹介しながら、具体的な事例を通して憲法の基本理念や原理を考えていきます。中学校や高校の授業で日本国憲法の前文や国民主権・基本的人権の尊重・平和主義について教えられたことはあると思います。しかし、憲法を学ぶことが生きていくために役に立つということまで考える機会はなかったのではないでしょうか。

本書の目標は、①社会の様々な問題を憲法の原理から考える力を身に付けること、②自由・人権・平和主義・立憲主義など、憲法の基本理念を理解すること、③具体的な事例や時事問題から生き生きとした憲法の役割を知ること、④社会問題に対して、他人事ではなく、主体的に自分の問題として考え、行動する主体性を身につけること、の四つです。

第1章の「自由――憲法の役割」から第14章の「憲法の改正――不磨《ふま》の大典《たいてん》かアップデートか」までを読むと、憲法の全体像を掴《つか》むことができます。双方向で行っている講義と同じように、この本の中にも「質問」を設けていますので、手を動かしてメモをしてもらえると社会の問題を自分の問題として受け止める一助になると思います。また、各章の終わりに憲法を考える大切なポイントをまとめています。

幸いにして憲法入門の講義は、昭和薬科大学で担当する第一学年の「ベストティーチャー賞」に二〇二一年度と二〇二三年度の二回選ばれました。講義を受けてくれた大学生のみなさんに励まされる気持ちで本書を執筆してきました。先の見えない不確実な時代の中、私たちが生きるために憲法がどのように役に立つのか。みなさんと一緒に考えることができればうれしいです。

目次

はじめに――3

第1章 自由――憲法の役割

1 憲法との出会い――12
2 憲法と法律――ハンセン病熊本訴訟――15
3 立憲主義という考え方――20

第2章 基本的人権――天は人の上に人をつくらず

1 学問のすすめ――30
2 世界人権宣言と日本国憲法――32

3 武器としての憲法 ―― 38

第3章
国民主権 ―― だれが国を治めるのか
1 国民主権の宣言 ―― 44
2 民主主義と立憲主義 ―― 46
3 民主主義のかたち ―― 48
4 であること・すること ―― 52

第4章
戦争とテロ ―― 平和主義の可能性
1 憲法九条と自衛隊 ―― 62
2 「テロとの戦い」が意味するもの ―― 73
3 平和主義の可能性 ―― 76

第5章 災害に備える——緊急事態条項は必要か
1 大規模災害と人々の生活—— 86
2 緊急事態条項と災害対策—— 92
3 大規模災害に備える—— 98

第6章 宗教と信教の自由——人生を支えるもの
1 信教の自由—— 106
2 政教分離—— 109
3 宗教を知る、考える—— 115

第7章 メディアと学問——民主主義の出発点
1 表現の自由—— 130

2 学問の自由 136
3 テクノロジーと表現の自由 140

第8章 経済的自由 ――職業と財産から考える

1 憲法の保障する経済的自由 152
2 経済的自由と公共の福祉 156

第9章 人身の自由 ――適正手続の意義

1 国家・警察の必要性と危険性 166
2 国家・警察が暴走するとき 170
3 日本国憲法の定める適正手続 175

第10章 教育と労働 ――より良く豊かに生きるために

1 弱肉強食の自由から社会権へ 184
2 過酷な労働環境と過労死・自殺 192

第11章

国会と内閣——法律の作り方と使い方

1 国会 198
2 内閣 202
3 法律を作る 206

第12章

司法の独立と裁判員制度——市民参加の意義

1 司法権の独立 216
2 裁判員制度——司法への市民参加 218

第13章
地方自治――民主主義の学校
1 地方自治――226
2 弁護士の現場から――築地《つきじ》市場の豊洲《とよす》移転問題――230
3 民主主義の危機を克服するために――234

第14章
憲法の改正――不磨《ふま》の大典《たいてん》かアップデートか
1 憲法改正の手続――240
2 自民党の改憲案――242
3 憲法改正の議論――245

あとがき　私たちと憲法――生きるための武器として――249
巻末ブックガイド――252

第1章

自由——憲法の役割

1 憲法との出会い

(1) 法律家を志す原点

私が憲法と出会ったのは二六歳の時でした。憲法について、中学や高校の授業で「基本的人権の尊重」「国民主権」「平和主義」という言葉は習っていました。しかし、「憲法と出会った」というのは、それまでに全く知らなかった憲法の役割を知ったからです。

場所は東京都東村山市《ひがしむらやま》にあるハンセン病療養施設の多磨全生園《たまぜんしょうえん》でした。そこでハンセン病元患者の年配の女性とお会いしました。彼女は「私たちは法律で隔離《かくり》されてきたの、こんな間違いはもう二度と繰り返さないでね」とゆっくりと一言一言噛《か》み締《し》めるように語ってくれました。

ハンセン病患者を隔離《かくり》する「らい予防法」が憲法違反だと判断した熊本地裁判決があった直後のことでした。私はこのときは弁護士ではありませんでした。東京都議会議員選挙に立候補し、落選したすぐ後くらいだったと思います。このハンセン病に対する国の施策の誤りを正した裁判で、諸刃《もろは》の剣としての法律の力、司法の本来の役割を知ったのが、法律家を志す原点となりました。憲法の役割を理解できるようになったのはその後、法科大学院で学び、弁護士として仕事をするようになってからですが、この「出会い」がなければ自分は弁護士にはならなかったかもしれません。そこで、この第1章では、ハンセン病をめぐる問題から私が知った憲法の役割をみなさんにお伝えしたいと思います。

(2)ハンセン病とは

ハンセン病とは、らい菌が主に皮膚と神経を侵《おか》す感染症で、古くからその患者たちが世界中で差別されてきた病です。しかし、治療法が確立された現代では完治する病気です。第二次世界大戦中の一九四三年、プロミンの静脈注射がハンセン病治療に有効であることが確認され、五〇年代からは経口《けいこう》薬が世界的に使われるようになりました。ハンセン病は、医学、薬学の発展で不治の病から治療できる病になっていったのです。

日本では治療ができるようになった後も「らい予防法」に基づくハンセン病患者に対する隔離《かくり》政策が続けられてきました。「らい予防法」が廃止されたのは一九九六年のことでした。

(3)ハンセン病と差別・偏見

新型コロナウイルス感染対策でも使われる法律のひとつに「感染症法」があります。感染症法の前文には**「我が国においては、過去にハンセン病、後天性免疫《めんえき》不全症候群等の感染症の患者等に対するいわれのない差別や偏見が存在したという事実を重く受け止め、これを教訓として今後に生かすことが必要である。」**と記載されています。ハンセン病の患者やその家族が受けてきた差別や偏見という「社会の病」にも目を向けなければなりません。その「社会の病」に向き合った本を紹介します。

ドリアン助川《すけがわ》著『あん』（ポプラ文庫、二〇一五）という作品は、小さなどら焼き屋に「雇《やと》ってほしい」と手の不自由な老女が現れる場面から始まる物語です。この作品は映画化され、樹木希林《ききききりん》さんが主人公であるハンセン病元患者の徳江《とくえ》を演じました。現代でもハンセン病への差別と偏見が残っていることが痛いほど伝わる作品です。この本は「社会の病」と正面から向き合いながらも、それでもなお「生きる力」を与えてくれます。憲法を知ることは社会を知り、生きる力を得ることだと思います。本書では、憲法を知ることにつながる作品も紹介していきたいと思います。巻末にブックガイドも設けましたので、ぜひ参考にしてみてください。

2 憲法と法律――ハンセン病熊本訴訟

(1) ハンセン病元患者たちが国を訴える

一九九八年から、ハンセン病の元患者たちが「らい予防法」に基づく隔離《かくり》政策を続けてきたことは憲法違反であると国を訴える裁判を全国各地で起こしました。形だけみると隔離《かくり》政策は「らい予防法」という法律に従って行われていました。「らい予防法」に基づく隔離《かくり》政策は「法律」ではなく「憲法」に違反したものだと原告となったハンセン病の元患者の人たちは主張したのです。

憲法九八条は、

> この憲法は、国の最高法規であって、その条項に反する法律、命令、詔勅及《しょうちょくおよ》び国務に関するその他の行為の全部又《また》は一部は、その効力を有しない。

と定めています。憲法は「最高法規」であり、憲法に違反する「法律」は「効力を有しない」と宣言しています。たとえ法律であっても憲法違反であれば無効となるのです。この裁判で

は、治療ができるようになった後も隔離《かくり》政策を続ける根拠となった「らい予防法」を改正または廃止しなかったことが憲法に違反するかが争点となりました。

(2) 人格権——人間らしく生きる権利

熊本地裁で画期的な判決が出ました。ハンセン病熊本地裁判決（二〇〇一年）は、①らい予防法の隔離《かくり》規定が憲法に違反していることを認め、②この法律を改廃《かいはい》しなかった国会議員の責任も認めました。そして、小泉純一郎《こいずみじゅんいちろう》首相（当時）が控訴《こうそ》しないことを表明し、国の敗訴《はいそ》が確定しました。

まず、らい予防法の隔離《かくり》規定が憲法に違反しているとした理由をみてみます。

憲法二二条一項は、

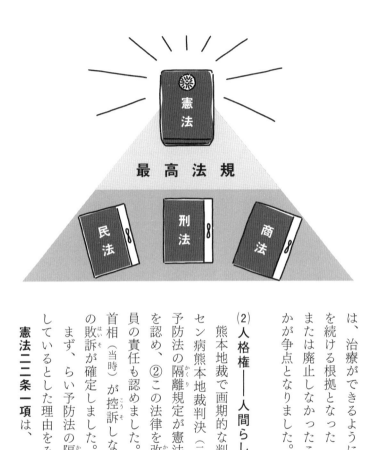

何人も、公共の福祉に反しない限り、居住、移転及《およ》び職業選択の自由を有する。

として、「居住・移転の自由」を保障しています。「移転の自由」とは移動の自由のことです。強制隔離《かくり》されてしまえば、どこに住むのか（居住）、どこに行くのか（移転）を自分で決めることはできません。さらに熊本地裁判決は、隔離《かくり》規定は「居住・移転の自由」の制限にとどまらないとして、**「隔離《かくり》は、患者の人生に決定的な影響を与える。その影響は、人として当然に持っているはずの人生のありとあらゆる発展可能性が大きく損なわれるのであり、その人権の制限は、人としての社会生活全般にわたるものである。このような人権制限の実態は、単に居住・移転の自由の制限ということで正当には評価し尽くせず、より広く憲法一三条に根拠を有する人格権そのものに対するもの」**であると判示しました。

憲法一三条は、

すべて国民は、個人として尊重される。生命、自由及《およ》び幸福追求に対する国民の権利については、公共の福祉に反しない限り、立法その他の国政の上で、最大の尊重を必要とする。

として、個人としての尊重と幸福追求権を保障しています。この憲法一三条を根拠として認められている「人格権」は、人間らしく生きる権利、人として尊厳をもって生きる権利です。

先に紹介した作品『あん』に出てくる主人公徳江《とくえ》もハンセン病の隔離《かくり》政策によって「人生のありとあらゆる発展可能性を大きく損なわれ」てしまった一人です。一人ひとりが自分の人生を生きることを「法律」によって損なわれてしまった場合、一人ひとりに憲法で保障された自由や権利によって、「それはおかしい」ということができるのです。憲法が「最高法規」であるからこそ、このような裁判ができるのです。

(3) 隔離《かくり》規定は本当に必要だったか

感染症対策において隔離《かくり》規定がいつでも憲法違反になるわけではありません。感染拡大を抑えるために「公共の福祉」の観点からやむを得ないものと認められることもあります。ハンセン病態本地裁判決でも最初から隔離《かくり》規定が憲法違反だと判断したわけでありません。治療薬ができ、それが行き渡ってきた時期以降は隔離《かくり》によらない対策も可能であったから、それ以降も隔離《かくり》政策を続けてきたことを憲法違反だとしたのです。新薬の開発と普及で遅くとも一九六〇年には、らい予防法の隔離《かくり》規定は、その合理性を支える根拠を欠く状況に至っており、違憲性は明白となっていたとしました。さらに国会議員には、六五年以降においても、らい予防法の隔離《かくり》規定を改正、廃止しなかった点に国家賠償《こっかばいしょう》法上の違法があるとしました。

国家賠償《こっかばいしょう》法は**憲法一七条**の、

> 何人も、公務員の不法行為により、損害を受けたときは、法律の定めるところにより、国又《また》は公共団体に、その賠償《ばいしょう》を求めることができる。

という規定に基づき定められた法律です。この国家賠償《こっかばいしょう》法で政府や国会議員の法的責任を追及することができます。

(4) ハンセン病熊本地裁判決の影響

国が敗訴《はいそ》した熊本地裁判決に対して、小泉《こいずみ》首相は控訴《こうそ》しませんでした。これは異例のことです。国の責任を認めた判決が確定したことで、政府の姿勢は大きく変わりました。首相談《だん》話《わ》を発表して政府として深い反省とお詫《わ》びを表明し、訴訟への参加・不参加を問わず、全国の患者・元患者の方々全員を対象として補償を行うこと、名誉回復および福祉増進のため可能なかぎりの措置を講じることが発表されました。[1] 取り返しのつかない時間が過ぎた後とはいえ、長年にわたり苦難の中におかれたハンセン病の患者・元患者の人たちにようやく憲法の光があたったのです。

3 立憲主義という考え方

(1) 多数決では決められないこと

さて、ここでは身近な問題から憲法の役割について考えていきます。

みなさんに質問です。次のような多数決が許されるかどうか。その理由も考えてください。

Q

質問

四〇人のクラスでA君以外の三九人が多数決で次のことに賛成しました（三九対一）。

①A君だけには給食を食べさせない。

②A君の持ち物は没収《ぼっしゅう》して、他の全員で分ける。

次のような多数決は許されますか？

私が受け持っている大学の憲法の講義で同じ質問をしたところ、①と②のいずれについても「許されない」という答えでした。理由は「不公平だから」「A君の自由を侵害している」「いじめだから」「A君への差別、不平等だから」などがあげられました。私もこのような多数決は許されないと思います。その理由を考えていくと「人権」、「権利」、「自由」、「平等」という言葉が浮かび上がってきます。

憲法一一条は、

国民は、すべての基本的人権の享有を妨げられない。この憲法が国民に保障する基本的人権は侵《おか》すことのできない永久の権利として、現在及《およ》び将来の国民に与《あた》へられる。

と基本的人権の尊重を掲げています。また**九七条**は、

この憲法が日本国民に保障する基本的人権は、人類の多年にわたる自由獲得の努力の成果であつて、これらの権利は、過去幾多《いくた》の試錬《しれん》に堪《た》へ、現在及《およ》び将来の国民に対し、侵《おか》すことのできない永久の権利として信託《しんたく》されたものである。

としています。憲法では、基本的人権の尊重が掲げられ、私たちの権利や自由が保障されています。

ここで大切なことは、「多数決でも決めても許されないことがある」ということです。民主主義の原則は多数決です。しかし、多数決によって少数の権利や自由を奪うことはできないのです。憲法で保障されている自由および権利は、多数決で決めても侵《おか》すことはできないという考え方を「立憲主義」といいます。

この立憲主義から憲法と法律の関係をみてみましょう。選挙という多数決で選ばれた国会議員が、国会において多数決で決めるものが法律です（第11章も参照）。法律は多数決を重ねてできるものです。しかし、憲法は「最高法規」（憲法九八条）ですから、法律といえども憲法に違反すれば無効になります。「多数決で決めても許されないことがある」というのは法律と憲法の関係に当てはまります。

(2) あなたにとって「自由」とは

次に「権利」や「自由」について具体的に考えてみたいと思います。ここでもうひとつ、みなさんに質問です。自分の回答をぜひ何かにメモしてください。

Q

質問

あなたにとって「自由」とはなんですか?

あらためて「自由」とは何かという抽象《ちゅうしょう》的なことを尋ねられると困ってしまうかもしれません。この質問も大学の講義で尋ねました。学生たちからは「自分の責任をとれる範囲で自分の行動を自分で決められること」「他人に自分の生き方を決められないこと」などの答えがありました。もちろん、この質問には正解があるわけではありません。「好きなものを食べること」という答えもあるかもしれません。実は、日本国憲法の中には「自由」という言葉は出てきますが、「自由」が何かを定義する条項は存在しません。フランス人権宣言4条は**「自由とは、他人を害しないすべてのことをなしうることにある。」**と、「自由」を定義しています。「なしうること」とは「できること」という意味です。「自由」とは何かをズバリと定義したものだと思います。憲法が保障する基本的人権は、この「自由」の基本的な類型と言ってもよいでしょう。つまり、憲法は私たちの自由を守るために存在しているのです。

(3) 権利のための闘争

憲法が存在すれば、私たちは自由であり、権利が実現するのかといえば、そうではありません。みなさんは、テーミスという正義の女神を知っていますか。このテーミスは法を司《つかさど》る女神でもあります。日本の最高裁判所にもテーミス像が置かれています。イェーリング『権利のための闘争』(村上淳一訳、岩波文庫、一九八二)には次のように書かれています。

世界中、すべての権利は、闘いとられたものである。権利は、単なる思想ではなく、生き生きした力なのである。だからこそ、片手に権利をはかるための秤を持つ正義の女神は、もう一方の手で権利を貫くための剣《つるぎ》を握っているのだ。秤《はかり》をともなわない剣は裸の実力を、剣をともなわない秤は権利の無力を意味する。二つの要素が表裏一体をなすべきものであり、正義の女神が剣をとる力と秤をあやつる技とのバランスがとれている場合のみ、完全な権利が実現される。

憲法が保障している自由や権利は、闘いとらなければ実現しないのです。この『権利のための闘争』の中では、自分の権利を守ることは、自分自身のためだけではなく、その権利そのものを守ることにつながるのだと書かれています。私は、「権利を貫くための剣《つるぎ》」は憲法だと思っています。憲法は、私たちが自由に人間らしく生きるための「武器」なのです。憲法をよく知り、使うことで、私たちの自由や権利が実現するのです。本書では、憲法を生きるための武器として、みなさんと一緒に学び考えていきたいと思います。

第1章のポイント

❶ 憲法は最高法規であり、たとえ法律でも憲法に違反すれば無効である。

❷ 多数決で決めても許されないことがある。民主主義の原則は多数決だが、多数決で少数の権利を奪うことはできない。立憲主義とは、憲法で保障されている自由および権利は、多数決で決めても侵《おか》すことはできないという考え方である。

❸ 自由とは、他人を害しないすべてのことをなしうることにある。私たちの自由を守るために憲法は存在する。自由や権利を実現して、生きていくための武器が憲法である。

1　「ハンセン病問題の早期かつ全面的解決に向けての内閣総理大臣談話」(平成一三年五月二五日)。

第 2 章

基本的人権

——天は人の上に人をつくらず

1 学問のすすめ

「天は人の上に人を造らず人の下に人を造らず」と言えり。これは有名な『学問のすすめ』の冒頭の一文です。『学問のすすめ』の著者である福沢諭吉《ふくざわゆきち》は、慶應義塾《けいおうぎじゅく》大学の創始者で、江戸時代から明治へと近代化する日本を生き、西洋の価値観を日本社会に取り入れてきた人物です。『学問のすすめ』はとても有名ですが、全部読んだことがあるという人はどれくらいいるでしょうか。基本的人権を理解するとても良いテキストですので、もう少し先まで引用します。

「天は人の上に人を造らず人の下に人を造らず」と言えり。されども今、広くこの人間世界を見渡すに、かしこき人あり、おろかなる人あり、貧しきもあり、富めるもあり、貴人もあり、下人もありて、その有様雲と泥との相違あるに似たるはなんぞや。

（中略）

その次第はなはだ明らかなり。『実語教』に、「人学ばざれば智なし、智なき者は愚人なり」とあり。されば賢人と愚人との別は学ぶと学ばざるとによりてできるものなり。

諺にいわく、「天は富貴を人に与えずして、これをその人の働きに与うるものなり」と。それば前にも言えるとおり、人は生まれながらにして貴賤・貧富の別なし。ただ学問を勤めて物事をよく知る者は貴人となり富人となり、無学なる者は貧人となり下人となるなり。（福沢諭吉『学問のすゝめ』岩波文庫）

福沢諭吉《ふくざわゆきち》は、「天は人の上に人を造らず人の下に人を造らず」と言うけれども、世間を見渡せば金持ちもいれば貧しい人もいる。「雲泥《うんでい》の差」があるではないかと言います。しかし、「人は生まれながらにして貴賤《きせん》・貧富の別なし」として、雲泥《うんでい》の差を分けるものは「学問を勤めて物事をよく知る」かどうかなのだと熱く語ります。

『学問のすすめ』が書かれた当時は、今日以上に家柄など生まれた環境によって社会的経済的な格差が存在したはずです。しかし、それを「人は生まれながらにして貴賤《きせん》・貧富の別なし」と断言するところに福沢諭吉《ふくざわゆきち》の人権に関する深い理解と熱意があるのではないでしょうか。『学問のすすめ』が書かれたのは明治時代の初めですから、日本国憲法はもちろん、大日本帝国憲法（明治憲法）もない時代に、人権の考え方の核心に迫ることを福沢諭吉《ふくざわゆきち》は説いていたのです。

2 世界人権宣言と日本国憲法

(1) 基本的人権とは

憲法一一条は**「国民は、すべての基本的人権の享有を妨げられない。この憲法が国民に保障する基本的人権は侵《おか》すことのできない永久の権利として、現在及《およ》び将来の国民に与《あた》へられる。」**と基本的人権の尊重をうたっています。また**九七条**は**「この憲法が日本国民に保障する基本的人権は、人類の多年にわたる自由獲得の努力の成果であつて、これらの権利は、過去幾《いく》多《た》の試《し》錬《れん》に堪《た》へ、現在及《およ》び将来の国民に対し、侵《おか》すことのできない永久の権利として信《しん》託《たく》されたものである。」**としています。

基本的人権は、大きく「自由権」「参政権」「社会権」に分けることができます。自由権は、国家が個人の領域に対して権力的に介入することを排除して、個人の自由な意思決定と活動を保障する人権です。「国家からの自由」ともいわれます。参政権は、政治に参加する権利です。「国家への自由」とも呼ばれ、自由権を守るために必要だとされています。社会権は、失業、貧困、労働条件の悪化など資本主義の弊《へい》害《がい》から社会的・経済的弱者を守るために保障

されるに至った人権です。「国家による自由」ともいわれ、国家に積極的な配慮を求めることができる権利とされています。これらの総称を基本的人権といいます。基本的人権のことを「人権」または「基本権」ということもあります。

(2) 世界人権宣言と国際人権規約

人権は普遍的《ふへん》なもの、つまり世界で共通するものだとされています。世界人権宣言の第一条は**「すべての人間は、生れながらにして自由であり、かつ、尊厳と権利とについて平等である。人間は、理性と良心とを授けられており、互いに同胞《どうほう》の精神をもって行動しなければならない。」**として、すべての人間が生まれながら自由で平等であることを宣言しています。世界人権宣言は、人権および自由を尊重し確保するために、「すべての人民とすべての国とが達成すべき共通の基準」を宣言したもので、一九四八年に第三回国連総会において採択されました。採択された一二月一〇日は国連によって「人権デー」とされています。世界人権宣言の内容を基礎として、これを条約化したものが国際人権規約です。条約とは国と国との約束事です。国際人権規約は、人権諸条約の中でもっとも基本的かつ包括《ほうかつ》的なものです。国際人権規約は、社会権規約と自由権規約から成ります。一九六六年の第二一回国連総会において採択され、日本は七九年に批准《ひじゅん》しました。

憲法九七条が「基本的人権は、人類の多年にわたる自由獲得の努力の成果」として、「人類」という言葉を使っていることからも基本的人権が世界で共通するものであることがわかります。

(3) 人権が抑圧されるとき

「過去幾多《いくた》の試錬《しれん》」とあるように、人権は抑圧された歴史がありました。たとえば、戦前の日本がそうでした。「欲しがりません勝つまでは」「ぜいたくは敵だ！」「聖戦だ 己れ殺して国生かせ」などの標語が使われ、国家総動員法[1]があった時代です。「お国のために」という言葉が軍国主義・全体主義[2]を育てたのです。国家や社会全体が大切だという考え方が行き過ぎると、一人ひとりの人権が抑圧されるのです。「お国のため」「公益」「国益」自体が悪いわけではありません。これらは「正義の言葉」です。国家も社会全体も大切です。しかし、このような「大義名分」や「正義」によって人権が抑圧されることがあるのです。私たちは、大義名分や正義の言葉の「裏」にある意味を考えなければなりません。一面の真実だけに光があてられ、言葉が利用されることがあるからです。

これは戦前だけの問題ではありません。新型コロナウイルス感染が拡大した際にも「自粛《じしゅく》」や「感染予防」が新しい大義名分として登場しました。これらの言葉が人権の抑圧に利用されないように、私たちは常に注意していかなければならないのです。自粛《じしゅく》に応じない飲食店等に対して厳しい非難や嫌がらせをする「自粛警察《じしゅく》」や、感染者やその家族に対する差別や偏見も、人権が抑圧されている社会の一面です。人権の抑圧は、遠い外国の話でも過去の問題でもなく、私たちが直面する今日の課題です。九七条が基本的人権を「過去幾多《いくた》の試錬《しれん》に堪《た》へ、現在及《およ》び将来の国民に対し、侵《おか》すことのできない永久の権利」としていることは「現在及《およ》び将来」に対する責任を私たちが負っていることを意味しているのです。

(4) あなたの基本的人権は尊重されていますか

いま、基本的人権は尊重されているかどうか質問です。点数とその理由を考えてみましょう。

① あなたの基本的人権は尊重されていますか？
百点満点なら何点ですか？（　　）点　理由↓

② 日本社会は何点ですか？（　　）点　理由↓

③ 世界は何点ですか？（　　）点　理由↓

抽象《ちゅうしょう》的なことを具体的に理解し、行動していくための手法のひとつとしておすすめなのが、今回行ったように、まず百点満点で何点か点数をつけてみる、そしてその理由を考えるという方法です。直感的な評価が可視化でき、理由を考えるときに自分にとって大切なキーワードが浮かび上がってくることもあります。この質問に対しては「大きなストレスや不自由なく幸せに生活できているため、自分の基本的人権は九〇点」「法律などは整備されているが、男女差別や経済格差などの問題がまだ根強く残っているように感じるから日本社会は五〇点」「貧困層など人間らしく生きる権利が損害されている人は多く存在しているため、世界は二〇点」というように、①の自分の点数が一番高く、②の日本社会、③の世界と順に低くなっていく人が多いように思います。

次のステップとして、百点に近づくために自分にはどのようなアクション（行動）ができるかということを考えます。たとえば、自分自身について「学費も自分で支払い経済的に大変だから七〇点」という場合には、アルバイトを増やすというアクションもあるかもしれませんし、三年後には経済的に自立するというプランを立てて準備を始めるというアクションもあるかもしれません。日本の問題を解決するためには、選挙権のある一八歳以上であれば投票することもアクションのひとつです。主権者として行動するということです。世界の問題に対してアクションするのは難しいと思うかもしれません。しかし、たとえば現地で問題解決に取り組む「ユニセフ」[3]や「国境なき医師団」[4]に寄付することはできます。たとえ少額の寄付でも立派なアクションです。

いま、基本的人権が尊重されない状況にある人には自由がありません。あなたの小さなアクションがその人の自由を守ることにつながるかもしれません。一人ひとりが自分の問題として理解してアクションすることが、人権の抑圧を防ぐためにもっとも大切なことです。だれかの自由を守ることは、自分の自由を守ることなのです。

3 武器としての憲法

(1)「欲求の五段階説」と「憲法の三段階説」

心理学者のマズローによる「欲求の五段階説」を知っている人は多いでしょう。「欲求の五段階説」は、人間の欲求には、食べる、眠るなどの「生理的欲求」、獣《けもの》などの外敵に襲《おそ》われない家に住むことなどの「安全の欲求」、孤独に生きるのでなく家族や友人とともに生活する「所属と愛の欲求」、他者や社会から評価されたいという「承認の欲求」、その人本来の生き方をする「自己実現の欲求」の五つがあり、人間はこの順番でより高い次元の欲求を求めるようになるとするものです。[5]

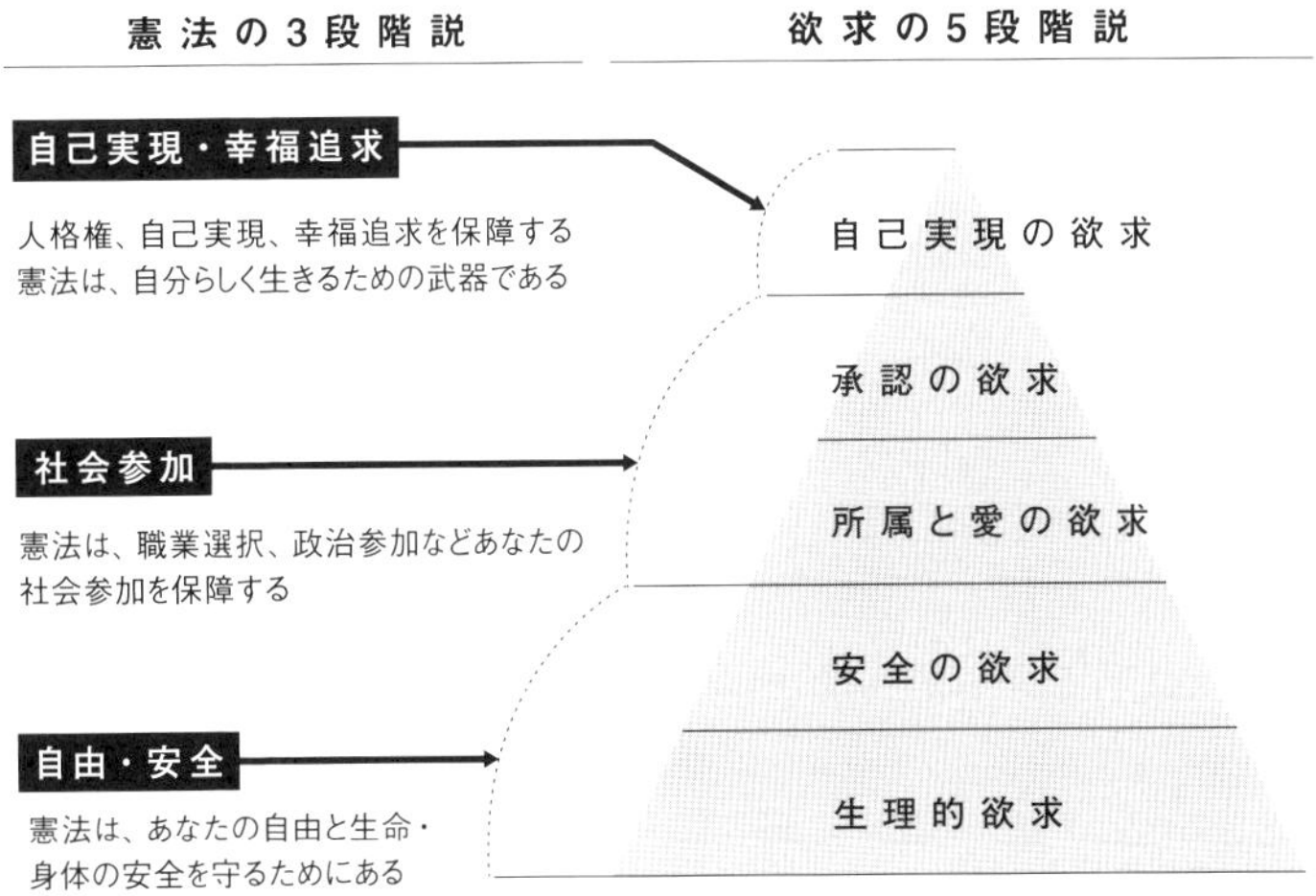
憲法の3段階説
欲求の5段階説
自己実現・幸福追求
人格権、自己実現、幸福追求を保障する
憲法は、自分らしく生きるための武器である
社会参加
憲法は、職業選択、政治参加などあなたの
社会参加を保障する
自由・安全
憲法は、あなたの自由と生命・
身体の安全を守るためにある
自己実現の欲求
承認の欲求
所属と愛の欲求
安全の欲求
生理的欲求

憲法一三条には**「すべて国民は、個人として尊重される。生命、自由及《およ》び幸福追求に対する国民の権利については、公共の福祉に反しない限り、立法その他の国政の上で、最大の尊重を必要とする。」**と書かれています。「個人として尊重される」ということは、私たち一人ひとりが人間らしく尊厳を持って生きるいうことです。「人格権」や「幸福追求権」と呼ばれることもあります。幸福になる権利ではなく、幸福を追求する権利としていることに私は深い意味を感じます。憲法が私たちを幸福にしてくれるのではなく、幸福を追求するのは私たち一人ひとりなのです。憲法には、人間が生きることの本質に迫る規定があるのです。そして、これらはマズローの「自己実現の欲求」につながるものだと思います。

(2) 自分らしく生きるための武器としての憲法

「欲求の五段階説」では、「自己実現の欲求」はもっとも高い次元の欲求です。「生理的欲求」、「安全の欲求」、「所属と愛の欲求」、「承認の欲求」が順次満たされて辿《たど》り着くものとされています。

このように「段階」があるのは、憲法の基本的人権でも同じではないでしょうか。憲法は、まず私たちが生存するために必要最低限の「自由と安全」を保障しています。これは「生理的欲求」と「安全の欲求」に対応する部分です。次の段階として、憲法では「表現の自由」「職業選択の自由」「参政権」など他者や社会と関わる権利、自由が保障されています。私たちの社会参加が保障されているのです。これらは「所属と愛の欲求」「承認の欲求」につながるものです。さらに高い次元が「自己実現」です。憲法は「人格権」「幸福追求権」など、私たち一人ひとりの「自己実現」を尊重しています。憲法は「自分らしく生きること」「なりたい自分になること」を応援してくれているのです。これは「自己実現の欲求」に重なるものです。

「自由と安全」が守らなければ「社会参加」することはできません。「社会参加」が欠けていては「自己実現」や「幸福追求」は困難でしょう。私たちがいかに生きるかという視座《しざ》で考えると、憲法で保障されている基本的人権にも「段階」があることがわかります。「欲求の五段階説」にならって「憲法の三段階説」といってもよいかもしれません。

憲法は、あなたの自由と生命・身体の安全を守るためにあり、職業選択、政治参加などあなたの社会参加を保障しています。さらに憲法は人格権、自己実現、幸福追求を保障する、あなたが自分らしく生き、なりたい自分になるための武器なのです。オンラインで憲法入門講座を行ったときに参加者から「憲法を知ることで『生きる力』（サバイバル能力）が少し上がった気がする」という感想をいただきました。これはとてもうれしい感想でした。憲法は大切なだけでなく、まさに私たちが生きるために役に立つ武器なのです。

第2章のポイント

❶憲法は、あなたの自由と生命・身体の安全を守るためにある。
❷憲法は、職業選択、政治参加などあなたの社会参加を保障する。
❸人格権、自己実現、幸福追求を保障する憲法は、自分らしく生きるための武器である。

1 国家総動員法…戦争のため議会の承認を受けず、国民や国の経済を統制する権限を政府に与えた法律。一九三八年に施行された。
2 全体主義…個人よりも国家や民族（＝全体）を優先するべきという考え方と、その考え方に基づく国家体制のこと。
3 ユニセフへの寄付は以下のウェブサイトからも受け付けている。
https://www.unicef.or.jp/cooperate/
4 国境なき医師団への寄付は以下のウェブサイトからも受け付けている。
https://www.msf.or.jp/donate/
5 アブラハム・マズロー、小口忠彦訳『改訂新版 人間性の心理学―モチベーションとパーソナリティ』（産業能率大学出版部、一九八七）。

第3章

国民主権

——だれが国を治めるのか

1 国民主権の宣言

中学や高校の授業で「国民主権」という言葉を聞いたことがあるという人は多いと思います。

日本国憲法の前文は、

> 日本国民は、正当に選挙された国会における代表者を通じて行動し、われらとわれらの子孫のために、諸国民との協和による成果と、わが国全土にわたつて自由のもたらす恵沢《けいたく》を確保し、政府の行為によつて再び戦争の惨禍《さんか》が起ることのないやうにすることを決意し、ここに主権が国民に存することを宣言し、この憲法を確定する。

と「国民主権」を高らかに宣言しています。では、国民主権とはどのようなことでしょうか。「主権」とは「国を治めていく力」のことです。国民主権とは「国を治めていく力（主権）が国民にあること」です。比べるとわかりやすいのが「君主主権」や「天皇主権」です。これは国を治める力（主権）が「君主」や「天皇」にあり、国民にはないことを意味します。

大日本帝国憲法は「天皇主権」でした。大日本帝国憲法では**「大日本帝国ハ万世一系《ばんせいいっけい》ノ天皇之《これ》ヲ統治ス。」**（一条）、**「天皇ハ国ノ元首ニシテ統治権ヲ総攬《そうらん》シ此《こ》ノ憲法ノ条規ニ依《よ》リ之《これ》ヲ行フ。」**（四条）というように、天皇が統治権（国を治める力）を持っていることが明確に示されていました。

一方、**日本国憲法一条**は、

> 天皇は、日本国の象徴であり日本国民統合の象徴であつて、この地位は、主権の存する日本国民の総意に基く。

と規定しています。「象徴天皇制」と言われますが、ポイントは「天皇主権」から「国民主権」へと大転換したことにあります。天皇は国を治める力（主権）を持つ「元首」から「象徴」にかわったのです。そして、「主権の存する日本国民」と書かれているのは、国民主権になったことを強調しているのです。憲法は、私たち一人ひとりが主権者であることを明確に伝えてくれているのです。だれが国を治めるのか？　その答えは「私たち」なのです。

2 民主主義と立憲主義

人民の人民による人民のための政治（government of the people, by the people, for the people.）。これは奴隷《どれい》解放宣言で知られる第一六代アメリカ大統領アブラハム・リンカーンの言葉です。民主主義の真髄《しんずい》をあらわしています。民主主義とは**「国民ぜんたいで国を治めていくこと」**です。これは日本国憲法ができた直後の一九四七年に文部省（現在の文部科学省）が憲法の教科書として発刊した『あたらしい憲法のはなし』に出てくる民主主義に関する説明です。『あたらしい憲法のはなし』では**「こんどの憲法の根本となっている考えの第一は民主主義です」**としています。この『あたらしい憲法のはなし』はインターネットで全文を読むこともできます。[1] これを読むと敗戦から立ち上がろうとする日本が憲法に熱い想《おも》いを込めていたことがわかります。ぜひお読みいただきたいと思います。

さて、第1章では「多数決でも決めても許されないことがある」というお話をしました。「立憲主義」とは、憲法で保障されている自由および権利は、多数決で決めても侵《おか》すことはできないという考え方です。民主主義の原則は多数決ですが、多数決によっても少数の権利

や自由を奪うことはできません。では、「立憲主義」と「民主主義」のふたつはどんな関係にあるのでしょうか？　実は、「立憲主義」と「民主主義」は対立するものではなく、両立するものです。私たち主権者一人ひとりの自由と権利が尊重された上に本当の民主主義が成り立つのです。これは「民主主義は多数決主義ではない」ということを意味しています。選挙で勝てば何をしてもよい、文句があれば選挙で勝ってから言えという風潮《ふうちょう》が昨今《さっこん》あります。しかし、それでは多数決の結果ですべてを決める「多数決主義」になってしまいます。多数決主義は民主主義ではないのです。

3 民主主義のかたち

(1) 未完の政治体制

民主主義は、最悪の政治体制といえる。ただし、これまでに試されたすべての政治体制を除けばだが (It has been said that democracy is the worst form of government except all the others that have been tried.)。これは第二次世界大戦時にイギリスの首相だったチャーチルの言葉です。民主主義はけして完璧な政治体制ではありません。しかし、歴史を振り返り、君主制や独裁制などと比べれば人々が勝ち取ったより良い政治体制ということです。また、民主主義にはいろいろな形があります。国によっても時代によってもその形は変化しています。その意味では、民主主義は、私たち主権者が育てていくもので、完成形ではなく、「未完の政治体制」だと言えます。

(2) 身近な事例から

では、みなさんに質問です。

Q　質問

クラス全員五〇人で遠足に行きます。
どこに行くかは各クラスで決めることができます。
次のうちどのように決めるのがよいでしょうか？
① 投票で遠足委員を選んで、遠足委員が行先を決める。
② 行きたい場所の投票を行い、一番多いところに決める。

すぐにピンときた人も多いかもしれません。これは代表制民主主義（間接民主主義）と直接民主主義に関係する質問です。①の遠足委員を選ぶというのは代表制民主主義、②の遠足の行き先を投票で決めるのは直接民主主義です。

さてみなさん、遠足委員は何人のイメージでしょうか。大学の講義で質問をした時には、一名と考えた学生が多かったです。しかし、たとえば遠足委員を五名や一〇名選ぶという方法もあるかもしれません。何名にするかで委員の役割も変わってきます。他方、遠足の行き先を投票で決める②の場合、行き先候補の選択肢を絞るのか、それぞれ自由記名にするのかでも決め方が大きく異なります。選択肢を絞る場合には、どのように絞るのかという方法を考えなければなりません。また自由記名にした場合、回答がバラバラになって一番票を集めた場所でも一〇票くらい、ということもありえます。そうすると、一〇票集めた行き先が本当にクラス全員の行きたいところなのか、疑問が湧《わ》くかもしれません。①と②の折衷《せっちゅう》案として、遠足委員が事前に行き先についてアンケートを行い、人気の行き先五つについてメリット・デメリットを報告して、その五つの候補から投票して決めるという形もあると思います。

このようにクラスで遠足の行き先を決める場合でも、決め方にはいろいろな形があります。

(3) 代表制民主主義と直接民主主義

代表制民主主義（間接民主主義）は、主権者が選挙で代表者を選び、代表者を通じて意思決定するしくみです。他方、直接民主主義は、主権者が直接、意思決定に参加するしくみです。

代表制民主主義の中でも議院内閣制（日本・イギリスなど）と二元代表制（アメリカの大統領制など）があります。議院内閣制では、国民が選挙で国会議員を選び、国会議員が内閣総理大臣（首相）を選びます。二元代表制では、国民は選挙で国会にあたる上院と下院の議員を選び、それとは別に選挙で大統領を選びます。日本の地方政治における二元代表制では、住民が選挙で地

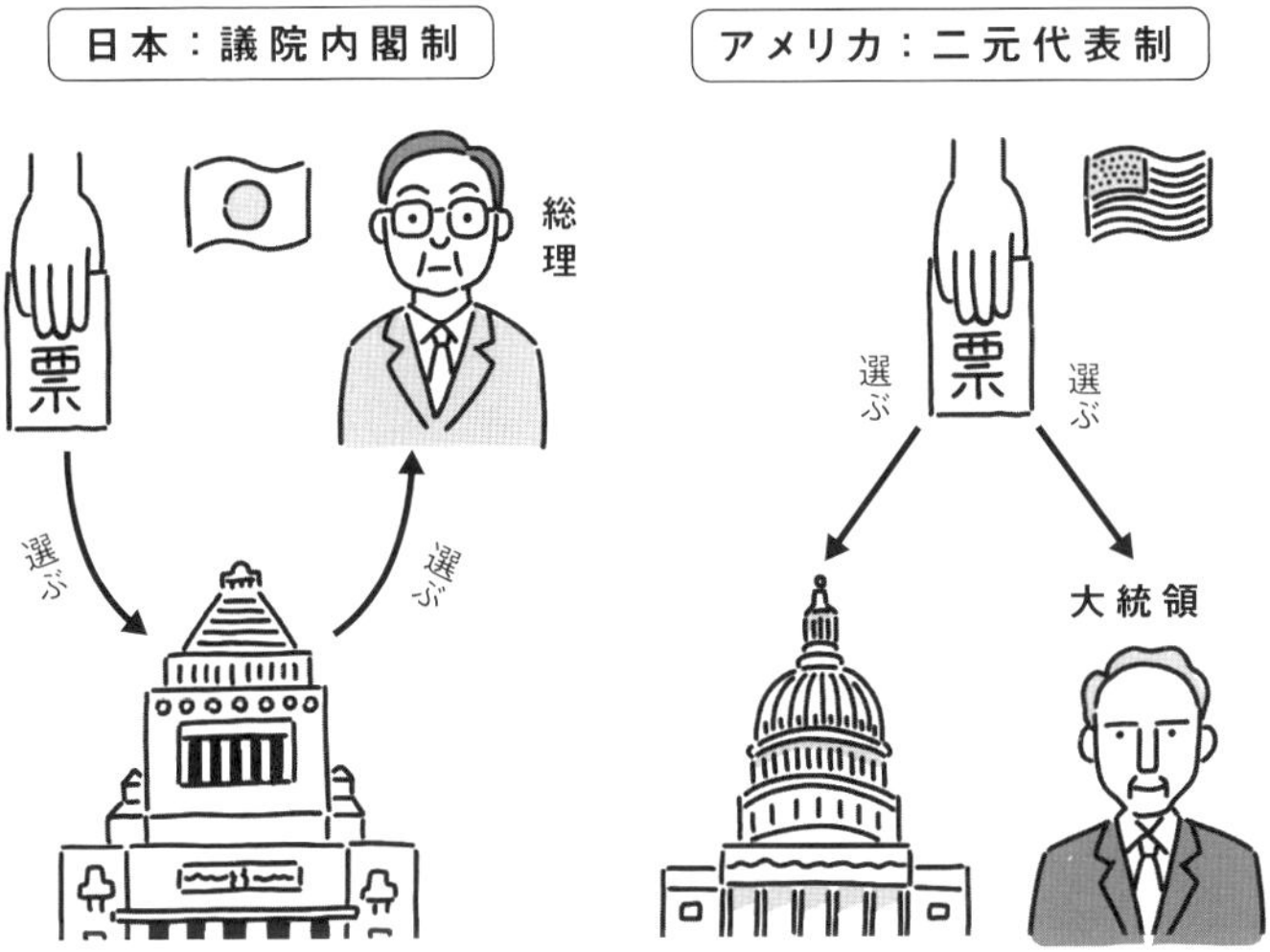

方議会議員を選び、それとは別に選挙で知事・市長等を選んでいます。一言に「代表制民主主義」と言ってもさまざまな制度設計があるのです。

　直接民主主義の制度としては、国民投票があります。日本では憲法改正の国民投票が規定されています。イギリスではＥＵ離脱を国民投票で決めました。日本には憲法改正の他には国民投票のしくみは今のところ存在しません。また、地方政治で行われる住民投票も直接民主主義です。二〇二〇年には大阪府で大阪都構想《とこうそう》に関する二回目の住民投票が行われ、都構想《とこうそう》は否定されました。市町村合併の是非についても住民投票が行われます。法律上の拘束力はないものの、地域の民意を示すために原発誘致《ゆうち》や沖縄基地問題でも住民投票が行われています。

国民投票や住民投票は、「人」を選ぶのではなく「政策」を投票で選びます。代表制民主主義と矛盾するものではなく、補完するものと位置づけられています。私たちが主権者として主体的に政治や社会の問題に向き合うために、人を選んで任せるだけではなく、重要な問題については政策を選ぶ選挙がもっと増えても良いと思います。直接民主主義の機会が増えれば、「政策」を「決める」ために、私たちが「知る」こと、「考える」ことがより大切になります。主権者として知り、考える機会を増やすためにも直接民主主義のしくみは役に立つのではないでしょうか。

4 であること・すること

(1)だれが投票できるのか

投票できる権利を「選挙権」といいます。選挙権を持っている人のことを「有権者」ということもあります。ここで先ほどの遠足の行き先を五〇人のクラスで決める事例に戻ってみましょう。

Q 質問

五〇人のクラスの中で投票する権利があるのはだれでしょうか。

①先生が指名した五人だけ
②成績の良い上位一〇人
③男の子だけまたは女の子だけ
④クラス全員の五〇人

④のクラス全員五〇人が投票できることを当然と考えていたかもしれません。①の先生が指名した人だけは依怙贔屓《えこひいき》になるおそれがあります。②の成績の良い上位一〇人では、成績が良いことと遠足の行き先を決める権利があることは同じではないとの疑問が生まれます。③では男女平等に真っ向から反することになります。私も④のクラス全員が投票できるのがもっとも良いと考えます。

しかし、歴史をみれば、女性に選挙権がない時代は長く続きました。成人男性でも全員が選挙権を持っていたわけでありません。選挙権の歴史を振り返ってみましょう。

⑵ 選挙権の歴史

日本で初めての国政選挙が行われたのは一八九〇年です。この第一回国政選挙の時に、選挙権があった人（有権者）は、全人口の何パーセントだったでしょうか？

Q 質問

第一回国政選挙で選挙権があった人は全人口の何パーセントでしょうか。

① 約一・一%
② 約二・二%
③ 約五・五%
④ 約一九・八%

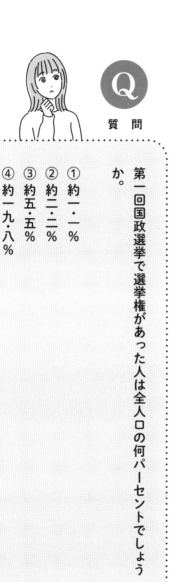

正解は①の約一・一％です。この時、選挙権は「二五歳以上の男子」で「納税額一五円以上」の人たちだけに与えられました。九九％の国民は投票することができなかったのです。

一九〇二年、二五歳以上の男子という条件は変わりませんが、「納税額一〇円以上」に引き下げられます。それにより有権者の割合は倍増しましたが、それでも全人口の二・二％でした。一九二〇年には二五歳以上の男子で「納税額三円以上」に変更され、有権者の割合は全人口の約五・五％になります。そして、二五年に成立したいわゆる「普通選挙法」によって行われた衆議院議員選挙（一九二八年）では、納税額の条件がなくなり、二五歳以上の男子に選挙権が与えられました。これによって全人口の約一九・八％が有権者となりました。

普通選挙といいますが、あくまでも選挙権を有するのは男性だけで、女性には選挙権がありませんでした。今の感覚ではとても「普通」とはいえないように思います。女性が選挙権を初めて持ったのが、四六年の衆議院選挙です。戦後初の国政選挙では、二〇歳以上の男女が選挙権を持ち、有権者の割合は全人口の約四八・七％となりました。二〇一六年には選挙権年齢が一八歳に引き下げられ、有権者の割合は全人口の約八三・三％となりました。

このように選挙権の歴史を振り返ると、成人であればだれもが投票できることは当たり前ではなかったことがわかります。選挙権は政治に参加する大切な「武器」のひとつです。今日では、一八歳以上の私たちは、一人ひとりが政治に参加する「武器」を手に持っているのです。この武器をどのように使うか、私たち一人ひとりに委《ゆだ》ねられているのです。

(3)私たちの「不断の努力」

「選挙権があること」と「選挙権を使うこと（投票すること）」は違います。最近では投票率の低下が問題となっています。選挙権はあるけれど、使わない（投票しない）人がいます。

もう一歩進めて考えると、憲法では「国民主権」が掲げられ、私たちは主権者であるとされています。しかし、「主権者であること」と「主権者として行動すること」は違うことです。この違いを明快にして、警告を発したのが「であること・すること」という文章です。[2] 高校の教科書に載《の》っていることもあるので読んだ人も多いかもしれません。著者の丸山真男《まるやままさお》は戦後を代表する政治学者です。「であること・すること」では、消滅時効《しょうめつじこう》に関する話が紹介されています。たとえば、お金を貸した場合でも民法で定められた一定の期間放置すると請求することができなくなります。お金を返してもらう権利が時の経過で消滅するのです。これは**「権利の上に眠る者は保護しない」**という考え方が背景にあります。権利はあるけれど、それを行使することを長年怠《おこた》っていた者は法的に保護しないということです。

選挙権は時効《じこう》で消滅することはありません。しかし、だれも選挙権を行使しなければ、民主主義は死んでしまいます。丸山真男《まるやままさお》は**「国民はいまや主権者となった、しかし、主権者であることに安住して、その権利の行使を怠っていると、ある朝目ざめてみると、もはや主権者でなくなっているといった事態が起こるぞ」**と警告しています（同書一五五頁）。

また、選挙権の行使だけではなく、私たちが主権者として行動することが必要です。丸山《まるやま》は**「民主主義とはもともと政治を特定身分の独占から広く市民にまで解放する運動として発達したものなのです。そして、民主主義をになう市民の大部分は日常生活では政治以外の職業に従事しているわけです。とすれば、民主主義はやや逆説的な表現になりますが、非政治的な市民の政治的な関心によって、また『政界』以外の領域からの政治的発言によってはじめて支えられると言っても過言ではないのです」**とも言っています（同書一七二頁）。ここでは、民主主義の担い手が市民であることが明確にされ、選挙の時だけではなく、市民が政治的関心を持ち、政治的発言をすることの大切さが説かれています。

文化団体は政治に関わらない、教育者は政治に口を出さないという傾向がはなはだしくなってくると、政治活動は職業政治家の集団である「政界《せいかい》」の専有物とされ、政治を国会の中だけに封じ込めることになると警鐘《けいしょう》を鳴らします。職業政治家である者だけが政治を行うのは、民主主義ではない。日常生活で政治以外の職業に従事している市民が、政治的関心を持ち、政治的発言をすることで、初めて民主主義が成り立つのです。

実は、憲法にも「すること」の重要さを示した条文があります。**憲法一二条**は、

> この憲法が国民に保障する自由及《およ》び権利は、国民の不断の努力によってこれを保持しなければならない。

と規定しています。私のもっとも好きな憲法の条文です。私たちは主権者として政治に参加する武器を持っているが、その武器は使わなければ錆《さ》びて使えなくなってしまう。「すること」「不断の努力」がなければ、民主主義が死んでしまう。私たち一人ひとりが「不断の努力」で主権者として行動し、憲法が保障する自由や権利を実現していくことが求められているのです。

第3章のポイント

❶日本国憲法前文は国民主権を宣言。象徴天皇制は、天皇主権から国民主権への大転換を意味している。

❷選挙権の歴史を振り返ると、成人であればだれもが投票できることは当たり前ではなかった。選挙権は政治に参加する大切な「武器」のひとつ。私たち一人ひとりに使い方が委《ゆだ》ねられている。

❸職業政治家である者だけが政治を行うのは、民主主義ではない。日常生活で政治以外の職業に従事している市民が、政治的関心を持ち、政治的発言をすることで、初めて民主主義が成り立つ。

❹私たち一人ひとりが「不断の努力」で主権者として行動し、憲法が保障する自由や権利を実現していくことが求められている。

1　ウェブサイト「青空文庫」で無料で閲覧が可能。https://www.aozora.gr.jp/cards/001128/card43037.html

2　丸山真男『日本の思想』（岩波新書、一九六一）。

第4章

戦争とテロ

——平和主義の可能性

1 憲法九条と自衛隊

(1)平和主義

基本的人権の尊重、国民主権とともに日本国憲法の三大原理のひとつである「平和主義」について、この章では考えていきます。

憲法前文は、**「政府の行為によつて再び戦争の惨禍《さんか》が起ることのないやうにすることを決意」**すると表明しています。その上で、

> 日本国民は、恒久《こうきゅう》の平和を念願し、人間相互の関係を支配する崇高《すうこう》な理想を深く自覚するのであつて、平和を愛する諸国民の公正と信義に信頼して、われらの安全と生存を保持しようと決意した。われらは、平和を維持し、専制と隷従《れいじゅう》、圧迫と偏狭《へんきょう》を地上から永遠に除去しようと努めてゐる国際社会において、名誉ある地位を占めたいと思ふ。われらは、全世界の国民が、ひとしく恐怖と欠乏から免《まぬ》かれ、平和のうちに生存する権利を有することを確認する。

として、平和主義を宣言します。

平和主義は、悲惨な戦争の体験から生まれたものです。日本国憲法が生まれた時には、まだその体験は生々しいものであったはずです。繰り返される「決意」という表現は、その中で刻まれた言葉なのです。しかし、戦争を体験した人たちは段々と少なくなっていきます。私も戦争を知らない世代の一人です。私たちが「平和主義」をどのように受け止めていくのか。これは過去を受け止め、未来をつくっていくために欠かすことができないものだと思います。

(出典)『あたらしい憲法のはなし』

(2) 自衛隊は憲法九条違反か

平和主義を具体化したのが憲法九条の「戦争放棄」と「戦力不保持」です。

憲法九条一項は、

> 日本国民は、正義と秩序を基調とする国際平和を誠実に希求し、国権の発動たる戦

集団的自衛権

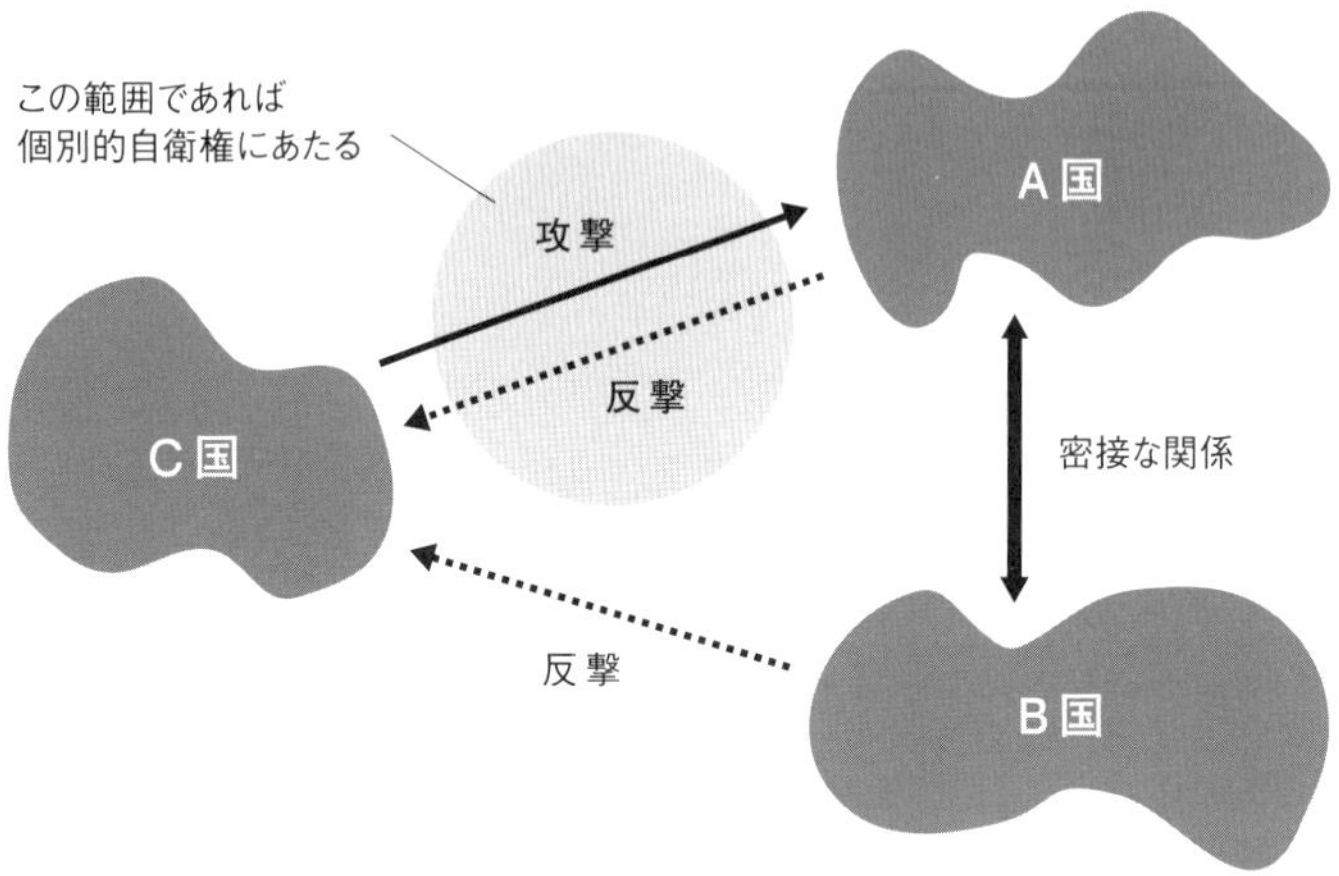

> 争と、武力による威嚇《いかく》又《また》は武力の行使は、国際紛争を解決する手段としては、永久にこれを放棄する。

として「戦争放棄」をうたっています。**九条二項**は、

> 前項の目的を達するため、陸海空軍《りくかいくう》その他の戦力は、これを保持しない。国の交戦権は、これを認めない。

としています。

ここで問題となるのは、自衛隊は憲法九条二項の「戦力」にあたり、憲法九条違反ではないかということです。これに対して、従来《じゅうらい》の政府の見解[1]は、「個別的自衛権」は、国家

固有の権利として憲法九条のもとでも否定されない。自衛権を行使するための実力を保持することは九条の「戦力」にはあたらないとしてきました。キーワードは「個別的自衛権」です。

「個別的自衛権」は、自分の国が直接攻撃された場合に戦うことができる（自衛する）権利です。これに対して「集団的自衛権」は、自分の国（A国）が直接攻撃されなくても、A国と密接な関係にあるB国がC国から攻撃されたときに、A国もC国と戦うことができるというものです。集団的自衛権では、同盟国のいずれかが攻撃された場合には別の同盟国が反撃することも可能になります。

国際連合（以下「国連」と言います）憲章五一条は**「この憲章のいかなる規定も、国際連合加盟国に対して武力攻撃が発生した場合には、安全保障理事会が国際の平和及《およ》び安全の維持に必要な措置をとるまでの間、個別的又《また》は集団的自衛の固有の権利を害するものではない。この自衛権の行使に当って加盟国がとった措置は、直《ただ》ちに安全保障理事会に報告しなければならない。」**としています。個別的自衛権と集団的自衛権のどちらも国際法上認められた権利なのです。

ところで、集団的自衛権と似た言葉に「集団的安全保障」という言葉があります。集団的安全保障とは、国連に加盟したすべての国で安全保障体制を築き、違反した国を罰するというものです。国連の安全保障理事会が中心となって国際平和をめざす体制です。国連憲章五一条をみると、自衛権を行使した場合には「直《ただ》ちに安全保障理事会に報告しなければならない」とされるように、集団的安全保障体制を前提として、それが機能するまでの間は各国に自衛権が認められるという構成になっています。

従来《じゅうらい》の政府見解は、国連の集団的安全保障体制のもとで、憲法九条は集団的自衛権を認めていないが個別的自衛権までを排除するものではなく、個別的自衛権の範囲で必要な自衛隊は「戦力」にあたらず、自衛隊は九条に違反しないというものでした。

(3) 安保法制で変わったこと

安倍晋三《あべしんぞう》首相（当時）は、二〇一四年、この従来《じゅうらい》の政府見解を変更して集団的自衛権を一部認める閣議決定[2]を行います。そして、集団的自衛権を一部認める自衛隊法等の改正を行ういわゆる「安保法制」が成立します。安保法制では、集団的自衛権を含む自衛権行使のための以下の「新三要件」が定められ、「他国に対する武力攻撃が発生」した場合でも自衛権が行使できる可能性が明文化されました。

(1)我が国に対する武力攻撃が発生したこと、又《また》は我が国と密接な関係にある他国に対する武力攻撃が発生し、これにより我が国の存立が脅《おびや》かされ、国民の生命、自由及《およ》び幸福追求の権利が根底から覆《くつがえ》される明白な危険があること
(2)これを排除し、我が国の存立を全うし、国民を守るために他に適当な手段がないこと
(3)必要最小限度の実力行使にとどまるべきこと
（外務省ホームページ「日本の安全保障政策」令和五年四月五日）

安保法制で何が変わったのか、あらためて整理してましょう。激しい論争や安保法制反対の国会前デモの中で成立した安保法制のポイントは、集団的自衛権の行使だけではありません。

主なポイントは、①集団的自衛権の一部容認、②地球の裏側に自衛隊が派遣できること、③後方支援活動という名で戦闘行為に参加できること、④米軍と一体となる安全保障体制の選択、という点にあります。安倍首相がとなえた「積極的平和主義」は、自衛隊が米軍と共に積極的に活動することを意味しています。米軍と一体となる安全保障体制（④）のために、①から③の改正を行ったと言ってもよいでしょう。私は、安保法制に反対の立場ですが、賛否はひとまず脇《わき》に置いて、何が変わったのかを確認していきたいと思います。

安保法制の中には、「周辺事態」への対処を「重要影響事態」への対処に変更する改正が含まれていました。これは文字通り日本の「周辺」という地理的制約を無くしたものです。地球の裏側を日本の「周辺事態」ということには無理があります。しかし、たとえ地球の裏側で起こっていることでも「重要影響事態」ということは可能です。自衛隊を地球の裏側に派遣することもできるようになります(2)。

さらに、この重要影響事態における自衛隊派遣では「後方支援活動」ができるとされています(3)。後方支援活動は非軍事行為ではありません。後方での兵站《へいたん》[3]・補給は戦闘の要です。安保法制によって、自衛隊は地球の裏側でも後方支援活動という軍事活動を行えるようになったのです。これまで平和維持活動で自衛隊が海外派遣されていましたが、活動の性質が全く異なります。

自衛隊が集団的自衛権を行使できるようになり、その活動範囲が地球の裏側まで広がり、後方支援活動という軍事活動を行えるようになりました。自衛隊の活動を大きく変える安保法制は、憲法九条の改正手続をとらない裏道だという批判がなされました。別の言い方をすれば、安保法制は憲法違反ではないかという問題が残っています。

(4) 九条自衛隊明記

自民党は、憲法改正を公約に掲げ、憲法改正の条文イメージとして、①自衛隊の明記、②緊急事態対応、③合区《ごうく》解消・地方公共団体、④教育充実、の四項目を提示しています。

自衛隊の明記は、憲法九条の後に「第九条の二」を追加するものです。自民党の改憲案では、「実力組織として、法律の定めるところにより、内閣の首長たる内閣総理大臣を最高の指揮監督者とする自衛隊を保持する」と自衛隊が明記されています。

■―自民党の憲法改正の条文イメージ―■

第九条の二

前条の規定は、我が国の平和と独立を守り、国及《およ》び国民の安全を保つために必要な自衛の措置をとることを妨げず、そのための実力組織として、法律の定めるところにより、内閣の首長たる内閣総理大臣を最高の指揮監督者とする自衛隊を保持する。

(1) 自衛隊の行動は、法律の定めるところにより、国会の承認その他の統制に服する。

(※第9条全体を維持した上で、その次に追加)

自衛隊明記の自民党改憲案は、自衛隊の存在を確認するだけで何も変わらないといわれることがあります。しかし、本当に変わらないのでしょうか。私は、自衛隊明記の憲法改正は大きな変化をもたらすと考えています。中立的な表現でいえば、自衛隊の能力、組織、地位が向上して、より強い自衛隊になるはずです。それを肯定するか、否定するかはそれぞれの考え方がありますが、自衛隊明記しても現状と同じで何も変わらないというのは間違いで、次の点で変化があるはずです。

① 憲法九条の死文化《しぶんか》

自衛隊明記の「九条の二」を追加することによって、戦前の軍国主義・軍部暴走に対する反省と歯止めとして生まれた憲法九条一項および二項が死文化《しぶんか》します。法解釈の基本原則に「後法は前法に優越する」というものがあります。後に作られた条文の解釈が優先するということです。たとえば「九条の二」では「自衛の措置」が認められるので、自衛の措置は憲法九条一項で放棄した「戦争」と「武力の行使」には該当しないと解釈される可能性が高くなります。また、九条二項の「戦力」に「九条の二」で明記された「自衛隊」は該当しないことになります。そうすると、「九条の二」で「自衛隊」が「自衛の措置」をとることを憲法九条違反だと解釈することはきわめて困難になり、憲法九条は意味のない条文になります。

②アジアにおける軍拡競争の危険

自衛隊がより強力になれば、近隣諸国も抑止力としてより軍備を強化します。近隣諸国が軍備を強化すれば、自衛隊もさらに強化されるでしょう。抑止力は相対的なものですから軍拡競争を生むおそれがあります。相手よりも弱い軍備では抑止力になりません。抑止力という魔物は恐怖を食べて大きくなるのです。大きくなった魔物が暴発すれば、その分を多くの人間を殺すことになります。

③地球の裏側で戦闘行為できる自衛隊

自衛隊明記の憲法改正によって安保法制は正当化されます。安保法制では自衛隊の活動に地理的制約がなくなりました。また、後方支援という戦闘行為も認められています。これらは実質的に憲法九条の改正であり、違憲ではないかと批判されてきました。しかし、安保法制がある状況で自衛隊明記の憲法改正が行われれば、地球の裏側で戦闘行為できる自衛隊を憲法が認めることになります。自衛隊という名称ですが、通常の軍隊と変わらない存在になる可能性があります。

④ 防衛予算拡大の可能性

自衛隊がより強力になるということは防衛予算が拡大するということです。すでに政府は防衛予算の大幅な拡大を表明していますが、その傾向が強まる可能性もあります。自衛隊が購入したオスプレイは一機一〇〇から二〇〇億円すると言われています。防衛予算が拡大すれば、その分社会保障や教育などの予算が削減されることになります。

⑤ 軍法《ぐんぽう》会議復活の可能性

自民党改憲草案には「国防審判所」の設置案があります。これはいわゆる軍法《ぐんぽう》会議[4]です。二〇二四年に内閣総理大臣となった自民党の石破茂《いしばしげる》衆議院議員は、自民党改憲草案の国防審判所について「これは国家の独立を守るためだ。出動せよと言われたときに、いや行くと死ぬかも知れないし、行きたくないと思う人がいないという保証はどこにもない。だから（国防軍になったときに）それに従えと。それに従わなければ、その国における最高刑に死刑がある国なら死刑。無期懲役《ちょうえき》なら無期懲役《ちょうえき》。懲役《ちょうえき》三〇〇年なら懲役《ちょうえき》三〇〇年。そんな目に遭《あ》うぐらいなら出動命令に従おうっていう。人を信じないのかと言われるけど、やっぱり人間の本質から目を背《そむ》けちゃいけない。[5]」と話しています。この時は自民党改憲草案の「国防軍」と「国防審判所」の話でしたが、もし自衛隊明記の憲法改正が実現すれば、たとえば「自衛隊審判所」という名称で同じ機能のものが設置される可能性があります。

⑥徴兵制《ちょうへい》復活の可能性

徴兵《ちょうへい》制は**憲法一八条**の**「意に反する苦役《くえき》」**にあたって違憲になるとの解釈が通説です。しかし自衛隊明記の憲法改正が実現した場合、「九条の二」に記載している「自衛隊」のために必要だから、徴兵《ちょうへい》制は憲法の平和主義に合致し、辞退理由等が整備されていれば一八条には違反しない、と解釈変更される可能性が高いです。徴兵《ちょうへい》制が合憲だとなれば、たとえば「自衛研修・社会奉仕《ほうし》制度」などのソフトな名称で自衛隊の短期入隊と災害や社会福祉のボランティア従事を組み合わせて義務化する形も考えられます。

2 「テロとの戦い」が意味するもの

(1)世界を変えた九・一一同時多発テロ

二〇〇一年九月一一日、アメリカで同時多発テロが起きました。夜のニュース番組で生中継している中で二機目の飛行機がニューヨークのワールド・トレード・センターにぶつかるのを見た衝撃は今でも忘れられません。この九・一一同時多発テロは、世界を変えました。戦争の主体が国家同士から国家とテロリストに変化しました。「テロとの戦い」という言葉が広く使われるようになったのも九・一一同時多発テロ以降です。

(2) 終わらない「テロとの戦い」

アメリカを中心とする多国籍軍は、「テロとの戦い」のためにアフガニスタンやイラクに軍事侵攻しました。これらの軍事侵攻で、アフガニスタンを支配していたイスラム主義組織タリバンを倒し、イラクのフセイン政権を崩壊させました。しかし、「テロとの戦い」は終わりませんでした。その後も世界的にテロは続いており、フセイン政権崩壊後のイラクでは、新たに過激派組織ＩＳ＝イスラミック・ステート（ＩＳＩＳ、ＩＳＩＬなどとも）が台頭し、イラク、シリアの広い地域を実効《じっこう》支配することになります。その後、アメリカを中心とする有志連合による掃討《そうとう》作戦が行われ、支配地域を失いましたが、公安調査庁の「最近の国際テロ情勢」（二〇二〇年版）によると、スリランカ同時爆破テロ事件をはじめ、各地で関連テロが引き続き発生し、ＩＳＩＬによるテロの脅威《きょうい》が続いたとされています。

また、近年拡大する国際テロの脅威《きょうい》は、我々日本人にとっても他人事ではありません。二〇一五年のシリアにおける邦人殺害テロ事件や二〇一六年のダッカ襲撃《しゅうげき》テロ事件[6]などは、我が国がテロの脅威《きょうい》と無縁ではないことをあらためて示しました。

(3) なぜテロが起きるのか

テロは、国家と国家の間で行われる「戦争」とは異なります。また、国家の主導権争いである「内戦」とも異なります。「テロとの戦い」は、戦う相手が見えにくいのです。テロリストがどこにいるのか、どのように生まれているのかがわかりにくく、アメリカが強大な軍事力によってアフガニスタンやイラクに軍事侵攻しても、テロは根絶できていないのが現実です。

なぜテロが起きるのか、根絶できないのかという問題を考える上で、外務省の「我が国の国際テロ対策」[7]の指摘は示唆《しさ》に富んでいます。昨今はテロ組織と直接関わりのない者や社会的に疎外《そがい》感を感じている者が、インターネット等を通じて過激思想の影響を受けてテロを計画または敢行《かんこう》する、といった問題が世界的に注目されています。さらに、ＩＳＩＬをはじめとするテロ組織への外国人戦闘員の参加や、それらの戦闘員の本国への帰還、不法な武器・

薬物取引や誘拐《ゆうかい》等の組織犯罪の収益がテロリストの資金源となっている問題など、新たに浮上するさまざまな国際テロの問題にも直面しています。テロを根絶するためには軍事的な介入だけではなく、社会的に疎外《そがい》感を感じている人が過激な思想に影響を受けないようにすること、武器や資金の流れを絶つことが不可欠です。軍事力だけではない「テロとの戦い」が求められているのです。

3 平和主義の可能性

(1)「平和」とは何ですか

Q 質問

あなたにとって「平和」とは何でしょうか？

ぜひご自身の考えを書きとめてみてください。これは正解がない問いです。戦争がないこと、好きなことができること、衣食住《いしょくじゅう》が満たされていることなど、一人ひとりにとっての「平和」があると思います。

平和学を提唱《ていしょう》したヨハン・ガルティング博士の『構造的暴力と平和』[8]という本があります。大学時代、国際政治学のゼミに所属し、そこでガルティング博士のお話を直接聞く機会がありました。ガルティング博士は、平和とは「暴力」が存在しない状態だと述べています。そして、「暴力」は**「可能性と現実のあいだの、つまり実現可能であったものと現実に生じた結果とのあいだのギャップを生じさせた原因」**と定義しました。

たとえば一八世紀に人が結核《けっかく》で死亡したとして、当時は避けがたいことなので「暴力」とみなすことはできない。しかし医学上の救済手段が備わっている今日では、結核《けっかく》に罹《かか》っても生きることは可能であり、結核《けっかく》で死亡したとすればそこには何らかの「暴力」が存在すると考えるのです。「暴力」は、戦争、虐殺、暴行など行為主体が存在する「直接的暴力」と貧困や差別などの社会不正義のように行為主体が存在しない「構造的暴力（間接的暴力）」に分けられるとしています。そして、直接的暴力がない状態を「積極的平和」、構造的暴力がない状態を「消極的平和」と定義しました。大学生だった私は感動しました。「平和」は戦争がない状態だけではなく、社会不正義を無くした状態であり、さまざまな「暴力」を無くしていくという具体的なしくみや行動こそが大切だと知ったからです。

(2) 人間の安全保障

人間の安全保障とは、**「人間一人ひとりに着目し、生存・生活・尊厳に対する広範《こうはん》かつ深刻な脅威《きょうい》から人々を守り、それぞれの持つ豊かな可能性を実現するために、保護と能力強化を通じて持続可能な個人の自立と社会づくりを促《うなが》す考え方」**[9]とされています。「脅威《きょうい》」を「暴力」と言い換えれば、「保護と能力強化」は直接的暴力と構造的暴力をなくすことだとわかります。人間の安全保障は、平和学を安全保障の概念《がいねん》として高めていったものといえます。

人間の安全保障では、恐怖からの自由として「紛争」「テロ」「地雷小型兵器」「人身売買」、欠乏からの自由として「通貨危機」「環境破壊・自然災害」「感染症」「貧困」を具体的な脅《きょう》威《い》としています。グローバル化、相互依存が深まる今日の世界において、これらの脅威《きょうい》は国境を越え相互に関連しあう形で、人々の生命・生活に深刻な影響を及《およ》ぼすとされています。新型コロナウイルス感染症の影響が世界を揺るがした記憶も新しい今日では、より説得力を持った考え方といえます。「国家の安全保障」から「人間の安全保障」への大転換が国際社会ではすでに起きているのです。

二〇二〇年のノーベル平和賞を受賞したのは世界食糧計画（WFP）でした。世界食糧計画は、一九六一年に食糧などの人道支援を目的に創設された国連の機関です。WFPは「〝平和〟と〝飢餓《きが》ゼロ〟は結びついている」と訴えています。十分な食事を取ることができず飢餓《きが》に苦しむ人は、世界人口の九％近くにあたる六億九〇〇〇万人近くに上ります。国連では三〇年までに「飢餓《きが》ゼロ」を目標に掲げていますが、このままでは人類が飢餓《きが》との闘いに打ち勝つのは困難だとして、各国に対策と支援の強化を呼びかけています。飢餓《きが》は貧困から起こる「欠乏」であり、十分な食糧を得ることは「欠乏からの自由」に不可欠です。人間の安全保障の考え方からすると、WFPの果たす役割は大きく、その期待も込めてノーベル平和賞が与えられたのではないでしょうか。

(3) 日本がリーダーシップをとるべき分野

憲法前文と九条の平和主義のもとで、日本がリーダーシップをとるべき分野は三つあると考えています。一つ目は「人間の安全保障の実現」です。憲法前文は**「全世界の国民が、ひとしく恐怖と欠乏から免《まぬ》かれ、平和のうちに生存する権利を有することを確認する」**と平和

主義を宣言しています。これは人間の安全保障を先取りした宣言とみることもできます。「国家の安全保障」から「人間の安全保障」への転換を主導する役割を果たすべきです。

二つ目は「非軍事部門・平和構築による国際協力」です。暴力的な紛争の危機を削減し、持続可能な平和と開発のための基礎を築くために、司法、公共行政を強化し、対話と和解を支援し、基本サービスを提供し、経済の再活性化を図る非軍事部門の平和構築は日本が力を入れるべき分野です。

たとえば道路や給水施設などの社会インフラ整備を支援することで、経済基盤ができると社会は安定します。また、紛争後に平穏に選挙が実施できるように支援する民主化支援も非軍事部門の重要な国際協力です。また、海外の大規模災害の緊急支援でも災害大国日本の経験の蓄積《ちくせき》を生かしてリーダーシップをとることが期待されます。国際緊急援助隊の派遣に関する法律では「救助活動、医療活動、災害応急対策及《およ》び災害復旧《ふっきゅう》のための活動を国際緊急援助隊の任務とする。」と規定しています。この国際緊急援助隊を大幅に強化して、国際的な災害支援の枠組みづくりから日本がリーダーシップをとれば、国際的な信頼・信用が向上し、安全保障にも役に立つことになります。

三つ目は、「核のない世界の実現」です。唯一の被爆《ひばく》国として核兵器のない世界の実現に向けてリーダーシップをとることを、日本の外交・安全保障の根幹《こんかん》に据《す》えることができれば、世界の人々から尊敬され、信頼される国になっていくと思うのです。二〇一六年にオバマ大統領（当時）がアメリカ大統領として初めて広島を訪問しました。オバマ氏は「広島と長崎が教えてくれたのです」「私の国のように核を保有する国々は、勇気を持って恐怖の論理から逃れ、核兵器なき世界を追求しなければなりません」と被爆《ひばく》地で語りました。一七年には核兵器禁止条約が成立し、これを推進してきた国際NGO「核兵器廃絶国際キャンペーン（ICAN）」がノーベル平和賞を受賞しました。二四年には、核兵器なき世界の実現に向けた努力と、核兵器が二度と使われてはならないことを本人たちの証言を通して示したことが評価され、「日本原水爆被害者団体協議会」がノーベル平和賞を受賞しています。

核兵器禁止条約は五〇カ国以上の批准《ひじゅん》により二一年一月に発効しましたが、日本は参加していません。外務省は、「北朝鮮のように核兵器の使用をほのめかす相手に対しては通常兵器だけでは抑止を効かせることは困難であるため、日米同盟の下で核兵器を有する米国の抑止力を維持することが必要」であり、「核兵器を直《ただ》ちに違法化する条約に参加すれば、米国による核抑止力の正当性」を損なうなどと不参加の理由を説明しています。[10] 抑止力とは、相手に攻撃を思いとどまらせる「力」を持つことです。これは七一ページでも述べた「恐怖の論理」です。抑止力は「恐怖」を食べて膨張《ぼうちょう》し、対立する双方で段々と大きくなり、時には暴発します。条約に加盟してもただちに日米同盟を破棄する必要があるとは考えられません。現実を直視しながらも核のない世界の実現に明確な姿勢を持つ国であってほしいと主権者の一人としては切に願います。

(4) 平和主義の可能性を拓《ひら》く

戦争が起きれば、私たちの自由や安全が根底から脅《おびや》かされることは明白です。しかし、私たちは戦争がないだけでは「平和」を享受《きょうじゅ》することはできません。直接的暴力だけではなく構造的暴力を無くしていかなければなりません。社会参加の保障はもちろん、自己実現や幸福追求の権利が認められて初めて一人ひとりの平和が実現するのです。人間の安全保障という考え方は、憲法の平和主義に合致するものです。

世界平和や安全保障というとハードルが高く、自分たちにできることは少ないようにも思えます。しかし、私たち一人ひとりにできることもあります。たとえば、あなたが関心を持つ平和への取り組みは何でしょうか。その取り組みに参加する方法（ボランティア・応援メッセージ・寄付など）を考えてみてください。平和主義を決意したのは、主権者である国民です。そして、**憲法一二条**は「**この憲法が国民に保障する自由及《およ》び権利は、国民の不断の努力によってこれを保持しなければならない。**」としています。主権者である私たちが平和・安全保障について、関心を持ち、平和への取り組みに参加することが、平和主義の可能性を拓《ひら》くことになります。

第４章のポイント

❶自衛隊明記の憲法改正で、①戦前の軍国主義・軍部暴走に対する反省と歯止めとして生まれた憲法九条が死文化《しぶんか》する、②アジアにおける軍拡競争の危険、③地球の裏側で自衛隊が戦争できるようになる可能性、④防衛予算拡大の可能性、⑤

軍法《ぐんぽう》会議復活の可能性、⑥徴兵《ちょうへい》制復活の可能性、などの問題があげられる。

❷日本がリーダーシップをとるべき三つの分野は、①人間の安全保障の実現、②非軍事分野・平和構築の国際協力、③核のない世界の実現、である。

1 二〇一四年の「集団的自衛権」行使を一部認める閣議決定以前の政府見解。
2 閣議決定…内閣（行政）における最高の意思決定手続。閣議に参加する内閣総理大臣と全大臣の全会一致の原則が採用されている。
3 兵站…前線で戦う軍隊の後方で物資の補給や負傷者の処置など、戦闘を遂行する支援を行う機能のこと。
4 軍法会議…軍人や軍属（軍人ではない軍隊に所属する者）を裁く刑事裁判を行う機関。
5 二〇一五年四月二一日放送の『週刊BS-TBS報道部』における応答。
6 それぞれ、二〇一五年にISILが拘束していた日本人二名を人質に身代金を要求し、その後殺害した事件と、バングラデシュのダッカで二〇一六年、武装集団がレストランを襲撃し、その場にいた日本人七名を含む二〇名以上が死亡した事件。
7 https://www.mofa.go.jp/mofaj/gaiko/terro/taisaku_0506.html
8 ヨハン・ガルトゥング著、高柳先男・塩屋保・酒井由美子訳『構造的暴力と平和』（中央大学出版部、一九九一）。
9 https://www.mofa.go.jp/mofaj/gaiko/oda/bunya/security/index.html
10 https://www.mofa.go.jp/mofaj/gaiko/bluebook/2018/html/chapter3_01_04.html

第 5 章

災害に備える

——緊急事態条項は必要か

1 大規模災害と人々の生活

(1) 災害大国・日本

二〇一一年三月一一日午後二時四六分。東日本大震災が発生しました。マグニチュード九・〇、最大震度七の大地震による建物の倒壊だけでなく、津波で多くの命が失われ、原発事故で深刻な被害が広がりました。東日本大震災以降も大規模災害は多発しています。二〇一八年は大きな災害が重なった年でした。六月に大阪北部地震、七月の西日本大豪雨では二〇〇人超が死亡し、「平成最悪の豪雨被害」と言われました。九月には北海道胆振《いぶり》東部地震（最大震度七）が発生し、この年の漢字には「災」が選ばれました。二〇二〇年には新型コロナウイルス感染症によるパンデミックという災害が発生、世界保健機関（ＷＨＯ）が緊急事態宣言の終息《しゅうそく》を発表するまで三年以上もかかりました。その後も二〇二四年一月に最大震度七の能登《のと》半島地震が起きるなど、災害は私たちの日常生活を一変させます。大規模災害という面からみても、私たちは不確実な時代を生きているといえるでしょう。

(2) 憲法の光は届いているか

大規模災害における被災者の生活を考えてみましょう。避難所で生活する人たち、車中泊《しゃちゅうはく》せざるをえない人たちを想像してください。原発事故では、いつ故郷に戻れるかわからない人たちもいます。避難所や避難先での生活でも**「健康で文化的な生活を営む権利」**（**憲法二五条**）という視点が大切です。不便がある中でも「一人ひとりの尊厳」（**一三条**）が保てるようにすべきです。たとえば、避難所におけるプライバシーの確保は重要な課題です。また、学校が避難所になるなどの理由で授業が再開できなければ、子どもたちの**「教育を受ける権利」**（**二六条**）が制約されることになります。震災で職を失った人たちは**「勤労する権利」**（**二七条**）を実現できない状況に置かれていることになります。

災害で大変だから権利の保障のような贅沢《ぜいたく》なことは言えない、と考える人もいるかもしれません。たしかに大災害の時には、まず命を守ることが一番です。しかし、同時に憲法で保障する基本的人権の視点からみると、解決すべき課題がみえてきます。災害時に被害を受けやすい社会的に立場の弱い人、声を出しにくい人の人権も守るための課題が浮かび上がってくるのです。

多数の河川が氾濫《はんらん》した令和元年東日本台風（台風一九号）が首都圏《けん》を直撃した夜、東京都台東《たいとう》区では自主避難所に身を寄せようとした路上生活者（ホームレス）の二人が「住所がない」

と話したところ、「区民を対象としており、それ以外の人は受け入れない」と言われ、避難所の利用を断られました。対応した区職員は区の災害対策本部に問い合わせをした上で利用できないことを伝えたそうです。そのほかにも、「北海道に住民登録がある」と言ったホームレスの男性も受け入れを断られました。この男性は、建物の軒下《のきした》でビニール傘の陰《かげ》で一晩を過ごしました。この問題について、後日、台東《たいとう》区長は「対応が不十分であり、避難ができなかった方がおられたことにつきましては、大変申し訳ありませんでした」とのコメントを出しました。

Q 質問

ホームレスの避難を断った台東《たいとう》区の対応の問題はなんでしょうか。

台東《たいとう》区が設置したのだから区の住民ための避難所だという考え方は、表面的には合理的なようにも思われます。対応した職員だけではなく、区の災害対策本部でもそのように考えて、住民ではないホームレスの避難所への受け入れを断りました。

しかし、災害で生命、身体の安全が脅《おびや》かされているのに、住民かどうかで区別するのは間違っています。たとえば、地震などの突然の災害が起きたときに、観光客や旅行客が避難所に入るのを断るのは正しいでしょうか。交通が麻痺《まひ》して自宅に帰ることが難しい事態も予想できます。そのような状況で、住民票があるかないかで避難所に入れるか区別するのは意味がありません。災害が起きたときには、危機からその場で避難できる支援が受けられるのが大原則なのです。

台東《たいとう》区の問題は、この大原則を外しているところです。さらに根深い問題は、ホームレスに対する差別意識が根底にあると思われることです。避難所にホームレスが入ると、他の避難者が嫌がると考えたのかもしれません。しかし、台風の大雨と強風でもっとも命の危険に晒《さら》されるのはホームレスの人ではないでしょうか。**「法の下の平等」**を定めた**憲法一四条**のもとでは、ホームレスの人も住所がない人も差別されることなく、災害から一時的に避難する権利を有しているのです。

災害時だからこそ、一人ひとりに憲法の光が届いているのかを考えることが大切です。いざ災害が起きた時に考え、実行するのと同じくらい、あるいはそれ以上に大事なのが、災害が発生する前に備えることです。大規模災害でも憲法が保障する基本的人権が守られるようにするために、私たちはどのように備えればよいのでしょうか。備えの一例として、被災者支援の取り組みを紹介します。

(3) 被災者支援の取り組み

被災者を支援するのは行政だけではありません。企業やＮＰＯ等の民間団体、市民のボランティアや寄付も被災者支援に欠かせません。ここで重要なことは、行政も含めた支援者の連携です。

二四年四月三日に台湾で震度六強の地震が発生したとき、発生から二時間後には避難所が開設され、プライバシーを確保できる個室のようなテントが設置され、受け入れた避難者に食事や下着などの日用品、アロママッサージなども無料で提供されたことが報じられました。[1]平時から民間と行政が連携し、信頼関係をつくることで、このような迅速《じんそく》な対応が可能になったとされています。驚きと賞賛をもって報じられましたが、日本でも平時の備えがあれば、避難者のプライバシーや健康に配慮した避難所の開設、運営が可能なのです。

特定非営利活動法人全国災害ボランティア支援団体ネットワーク（ＪＶＯＡＤ）は私が監事

被災者を支援するために

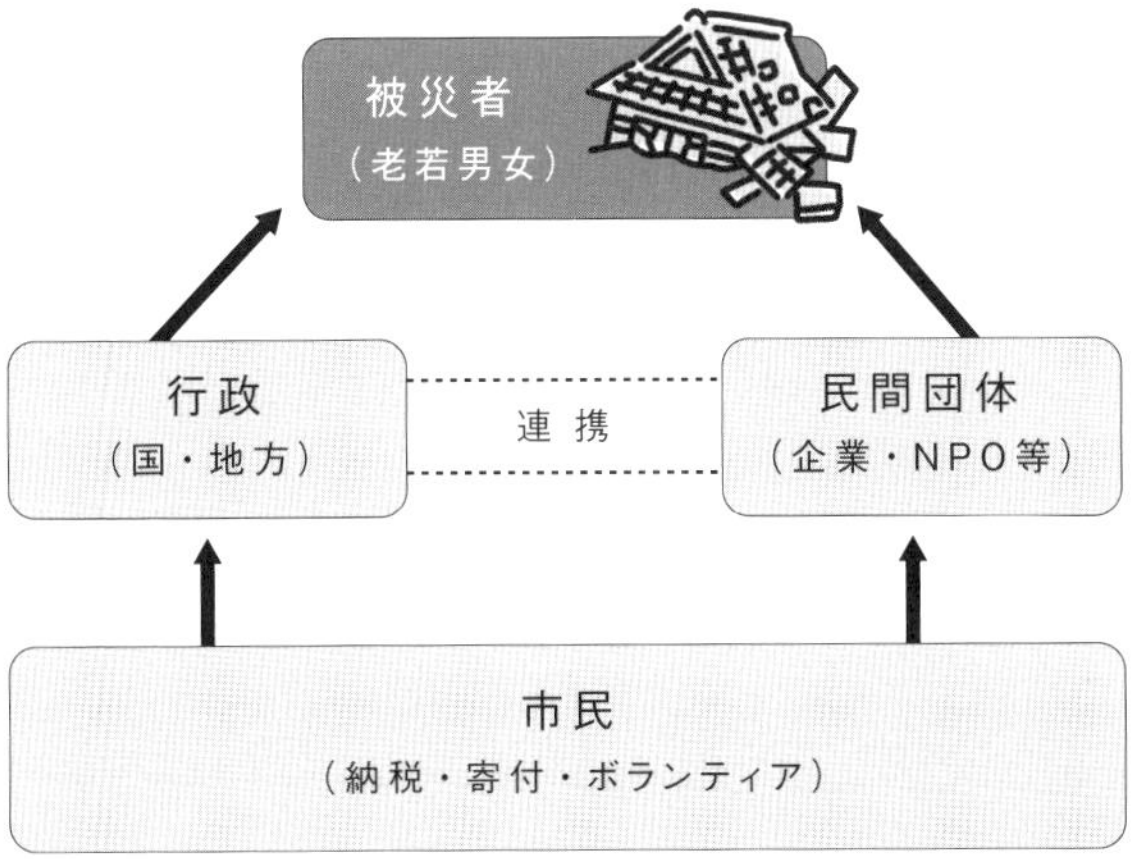

を務めている民間の非営利団体です。[2]ＪＶＯＡＤでは、災害時には被災者支援の「漏《も》れ・抜け・落ち・ムラ」を防ぎ、地域ニーズに合った支援活動を促進するため、被災地域の関係者と協力してニーズや支援に関する情報を集約し、支援活動の調整機能としての役割を果たすための活動を行っています。ＪＶＯＡＤは「災害時においても、すべての市民が多様性を認めあって支えあい、尊厳のある生活が守られる社会」を目標として掲げています。これは災害時にも憲法の光が届く社会ということです。まだ道なかばですが、災害大国の日本でぜひとも実現すべきことのひとつだと考えています。

2 緊急事態条項と災害対策

(1) 自民党改憲案

災害対策として憲法改正を求める意見があります。大震災やテロなどの緊急事態において国民を守るには、総理大臣の強いリーダーシップと迅速《じんそく》な対応が求められるからです。それを実現するために、憲法に「緊急事態条項」を加えようとする考え方です。

緊急事態条項とは「国家緊急権」を憲法の条項に取り入れるものです。国家緊急権とは、戦争・内乱・恐慌《きょうこう》・大規模な自然災害など、平時の統治機構では対処できない非常事態において、国家の存立を維持するために、国家権力が非常措置をとるための強大な権限です。平時では行政（内閣）・立法（国会）・司法（裁判所）がそれぞれチェックし合い、権力の均衡を図る三権分立が憲法の統治機構です。これに対して緊急事態条項は、国家権力を行政（内閣）に集中して強大な権限を生み出します。つまり、緊急事態条項は憲法を一時停止できるようにするための規定です。

緊急事態条項

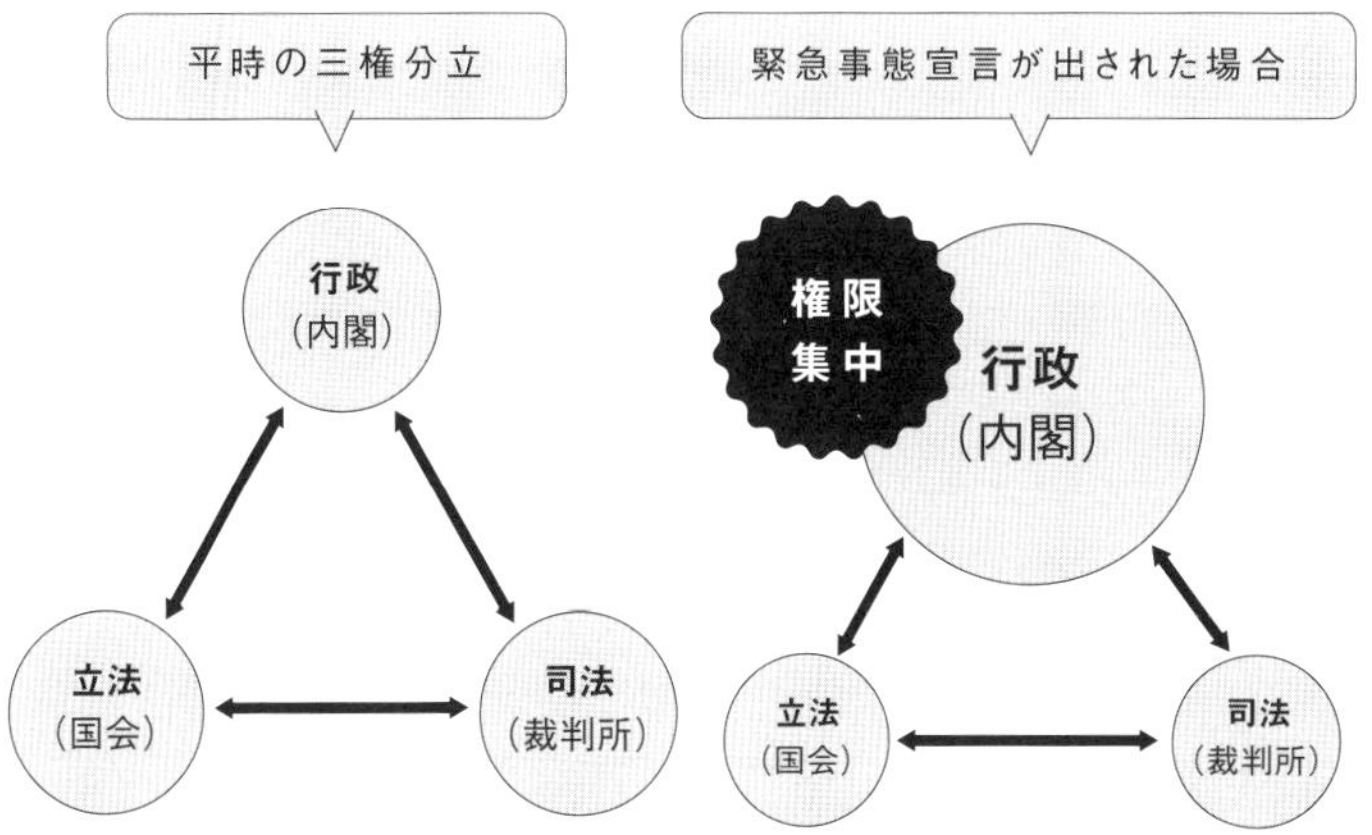

大日本帝国憲法には緊急事態条項が定められていました。緊急命令（大日本帝国憲法八条）では、法律に代わる勅令《ちょくれい》を天皇が発するものとして立法府（帝国議会）の権限が制約されていました。また、非常大権（同三一条）では、「本章ニ掲ケタル条規ハ戦時又《また》ハ国家事変ノ場合ニ於《おい》テ天皇大権ノ施行ヲ妨《さまた》クルコトナシ」と規定されていました。「本章」とは臣民の権利義務を定めた章です。大日本帝国憲法では、制約があったとはいえ基本的人権を認めていました。その基本的人権よりも「戦時又《また》は国家事変」の場合には天皇大権が優先されることが明記されていたのです。これらは、国家緊急権が権力集中と基本的人権の制約を強めるものだという特徴を如実《にょじつ》に示しています。日比谷焼討《ひびややきうち》事件（一九〇五年）、

関東大震災（一九二三年）等では、「戒厳令《かいげん》」（同一四条）が発せられています。

大日本帝国憲法には存在した緊急事態条項は、日本国憲法にはありません。四六年七月の帝国議会において、金森徳次郎《かなもりとくじろう》大臣（当時）は「行政当局には調法《ちょうほう》だが、国民の意思を、ある期間、有力に無視できる制度でもある」と述べ、緊急事態の規定を日本国憲法に置かなかったのは、「国民の権利を擁護するため、行政の自由判断の余地をできるだけ少なくするよう考えた」からと説明しました。このような理由で、日本国憲法には大日本帝国憲法には存在した緊急事態条項が意図的に設けられていないのです。

(2) 緊急事態条項の危険性

自民党は、憲法改正による緊急事態条項の追加をめざしています。自民党改憲草案では、**「内閣総理大臣は、我が国に対する外部からの武力攻撃（中略）大規模な自然災害その他の法律で定める緊急事態において、特に必要があると認めるときは、法律の定めるところにより、閣議にかけて、緊急事態の宣言を発することができる。」**（同草案九八条一項）としており、緊急事態宣言の効果として**「緊急事態の宣言が発せられたときは、法律の定めるところにより、内閣は法律と同一の効力を有する政令を制定することができるほか、内閣総理大臣は財政上**

必要な支出その他の処分を行い、地方自治体の長に対して必要な指示をすることができる。」（同草案九九条一項）としています。

この自民党改憲草案の緊急事態状況について、木村草太《きむらそうた》・東京都立大学教授（憲法学）は、**「内閣は、曖昧かつ緩やかな条件・手続きの下で、緊急事態を宣言できる。そして、緊急事態宣言中、三権分立・地方自治・基本的人権の保障は制限され、というより、ほぼ停止され、内閣独裁という体制が出来上がる。これは、緊急事態条項というより、内閣独裁権条項と呼んだ方が正しい。」**と厳しく批判しています。[3]

歴史から学ぶことも大切です。緊急事態条項を利用したナチスドイツのヒットラーによる独裁によって、ユダヤ人への差別、強制収容、虐殺（ホロコースト）が行われました。なぜ独裁が始まったのでしょうか？　それは、緊急事態条項にあたるワイマール憲法四八条の国家緊急権が発動され、全権委任法[4]に基づいてヒットラー独裁体制が生まれたからです。ワイマール憲法は社会権を初めて認めた先進的な憲法でした。緊急事態条項が作られた時には、後にヒットラーが現れることを予見していなかったかもしれません。しかし、権力者は利用できるものを利用して権力を集中し、そして大きな過《あやま》ちを犯《おか》すのです。この歴史の教訓を私たちはけして忘れてはいけないのです。

フランクル『夜と霧』（霜山徳爾訳、みすず書房、一九六一）は、この悲惨な歴史の教訓を学ぶために必読の一冊です。フランクルは心理学者でしたが、ユダヤ人であることからナチスのアウシュビッツ強制収容所に捕らわれました。奇跡的に生還した自身の体験を記した本です。収容所での出来事の克明《こくめい》な記録。心理学者として他の収容者や自分自身の心理を分析することで「生きる」ということを強烈《きょうれつ》に描いています。人類の負の歴史を知るためにも、人として生きる意味を考えるためにも読んでもらいたい本です。

さて、ここまで憲法改正で緊急事態条項が必要との見解と問題点を紹介してきましたが、それに対し災害対策のために憲法改正はそもそも必要ない、との意見もあります。いまの憲法のもとでも、災害対策基本法、武力攻撃事態対処法などで緊急事態対応が定められていきます。緊急事態に備える必要があれば、さらに法律を整備すべきであり、包括《ほうかつ》的かつ抽象《ちゅうしょう》的に内閣に権限を集中させることは必ずしも災害対策で有効ではないとの考え方です。

緊急事態に関する法律がどれくらいあるでしょうか。新型コロナウイルス感染拡大について「緊急事態宣言」が出されました。そのほかにも緊急事態に対応するための法律は、上記した以外に災害救助法、原子力災害特別措置法、安全会議設置法などいくつも存在します。

東日本大震災の被災地の自治体は、緊急事態条項の必要性についてどのように考えているのでしょうか。毎日新聞（二〇一六年四月三〇日付）が、憲法改正の「緊急事態条項」をめぐり、東日本大震災で被災した岩手県、宮城県、福島県の四二自治体に初動対応について聞いたところ、回答した三七自治体のうち「緊急事態条項が必要だと感じた」と答えたのは一自治体にとどまりました。自民党では東日本大震災を契機に緊急条項の新設を求める声が高まっていますが、被災した自治体の多くは現行の法律や制度で対応できると考えていることがわかりました。

自民党の改憲案の中には、大震災などの緊急事態下において国会議員の任期延長できる規定も盛り込まれています。しかし、すでに憲法五四条二項には「参議院の緊急集会」が定められています。参議院の任期は六年で、定数の半分について三年毎に選挙が行われます。そのため、たとえ衆参同日選挙が行われた場合でも、参議院議員の半数は国会議員の任期中になり、「参議院の緊急集会」が開催できます。憲法は、よく考えられた制度設計になっているのです。他方で国会議員の任期延長には民主主義の根幹《こんかん》である選挙で国会議員を選ぶ機会を有権者から奪うデメリットがあります。これらを考慮すると、私は国会議員の任期延長の憲法改正は必要ないと考えますが、みなさんはどのように考えるでしょうか。

3 大規模災害に備える

(1)二つの格言

「天災は忘れた頃にやってくる」という格言があります。また、一方で「備えあれば憂《うれ》いなし」という格言もあります。いつ起こるかわからない大規模災害に私たちがどう備えればよいか。ここでは、首都圏《けん》を襲《おそ》う水害として荒川氾濫《あらかわはんらん》、巨大地震として首都直下型地震と南海《なんかい》トラフ巨大地震を例に考えます。

(2)荒川氾濫《あらかわはんらん》

荒川《あらかわ》は関東平野を流れ東京湾に注ぐ河川です。その流域は、東京都と埼玉県を合わせて二〇区四〇市一八町一村にまたがり、利根川《とねがわ》、淀川《よどがわ》に次いで我が国の主要河川としては流域人口が九三〇万人と三番目になります。

国土交通省荒川《あらかわ》下流河川事務所の公式YouTubeに「荒川氾濫《あらかわはんらん》」というフィクションドキュ

メンタリーがあります。[6] ぜひ見ていただきたい約一四分の動画です。この動画は、台風で荒《あら》川《かわ》上流域に三日間合計五〇〇ミリの雨が降ったという設定で始まります。台風が通過した後、みんなが安心していた夜中に堤防が決壊、水は地下鉄網《もう》を通じて、わずかな時間で都心に到達し、多くの被害を出すという想定です。動画の中では、死者数約四一〇〇人、浸水戸数約五一万戸、孤立者数三九万人という被害試算も紹介されています。

近年では令和元年東日本台風で、最悪の場合、首都圏《けん》を流れる荒川《あらかわ》の堤防が決壊する可能性があったと報じられており、[7] 荒川氾濫《あらかわはんらん》は大規模な水害としてフィクションで終わらない可能性があると言えます。

(3) 首都直下型地震

今後三〇年以内に七〇%という高い確率で発生することが懸念《けねん》されている大災害が首都直下地震です。想定マグニチュード七・三、最大震度七、揺れによる全壊家屋《かおく》最大約一七万五〇〇〇棟、死者二万三〇〇〇人、経済的被害九五兆円などと想定されています。首都直下地震が起きたら一体何が起きるのか。二〇一九年に放送されたNHKスペシャルシリーズ「体感　首都直下型地震」では、内閣府中央防災会議作成の被害想定に最新の研究成果を加えて被害全貌《ぜんぼう》を描くものでした。そこでは、地震による建物倒壊だけではなく、避難時におきる群衆雪崩《ぐんしゅうなだれ》、同時多発火災、ＳＮＳで飛び交うデマ情報、携帯電話基地局の電源喪失《そうしつ》による広域通信ダウン、医療崩壊などがリアリティのある映像で描かれています。

また、東京都は二二年五月に約一〇年ぶりに首都直下地震の被害想定を見直しました。「身の回りで起こり得る災害シナリオと被害の様相」では、近年増えている高層マンションではエレベーターの停止やトイレの使用ができなくなることで在宅避難が困難になるなど、より身近な視点から被害想定がなされています。

どのような被害が起こり得るのか、そのことを知るだけでも自分やまわりの人の命を守ることにつながります。知ることが備えることの第一歩になるのです。

(4) 南海《なんかい》トラフ大地震

政府の中央防災会議は、科学的に想定される最大クラスの南海《なんかい》トラフ地震が発生した際の被害想定を行っています。この被害想定によれば、南海《なんかい》トラフ巨大地震がひとたび発生すると、静岡県から宮崎県にかけての一部では震度七となる可能性があるほか、それに隣接する周辺の広い地域でも震度六強から六弱の揺れ、関東地方から九州地方にかけての太平洋沿岸の広い地域に一〇メートルを超える大津波の襲来《しゅうらい》も予想されています。

内閣府は、映像資料「南海《なんかい》トラフ巨大地震～そのとき何が起こるのか？～」[8]を公開しており、この映像は約三二〇万回視聴されています。映像のもとになっている南海《なんかい》トラフ巨大地震の被害想定は、死者三二万三〇〇〇人（東日本大震災の一七倍）、倒壊および焼失二三八万六〇〇〇棟（同一八倍）、避難者は一週間に最大九五〇万人、経済的被害は約二一五兆円（同一〇倍以上）となっています。もちろん、適切な対策により減災《げんさい》することは可能ですし、それをめざしていくべきですが、ショッキングな数字が並びます。

(5) 〝三つの視点〟で災害に備える

私たちは、このような巨大災害にどのように備えればよいのでしょうか。災害に備える〝三つの視点〟が重要になります。

災害に備える三つの視点

① 〝七二時間〟を生き残れ
② 〝身のまわり〟で助け合う
③ 〝社会〟で支え合う

発災後七二時間、つまり三日間は地震であれば建物倒壊や火災などの危険が高く、また国や自治体の支援体制が整うまで三日間はかかると言われています。この七二時間を無事に生き残ることが、まず重要になります。そのためには、たとえば自宅であれば家具の転倒防止などの対策をすること、避難所の確認などの備えが考えられます。

視点の二つ目は〝身のまわり〟で助け合うことです。たとえば家族との安否《あんぴ》確認の方法、いざという時の集合場所などを決めておくことも必要です。また、災害後に自分自身がけがをしていなければ近くにいるけがや体の不自由な人の助けができるかもしれません。

三つ目の視点は、〝社会〟で支え合うことです。たとえば、被災地に寄付することや復興のボランティアに行くことがあげられます。少し長い視点で、次の災害に備えること、いざという時のために地域の関係性を深めていくことなどもあげられます。台湾で避難所設営が迅速《じんそく》に実現できたのは、この社会での支え合いの好例《こうれい》です。

これら三つの視点を合わせて持つことで、忘れた頃にやってくる天災に備えることができ、憂《うれ》いなしとまではいえなくとも憂《うれ》いを減らしていくことはできます。

大規模災害の時でも憲法で定める基本的人権が守られるために、平時から備えることが大切です。憲法は災害時にも自分と大切な人を守る武器になります。災害時だから緊急事態として憲法を停止させるのではなく、災害時だからこそ憲法の光が行き渡るように備えることが重要です。

第5章のポイント

❶ 災害時にも憲法の光が届くことが大切。災害大国・日本では、健康で文化的な生活を営む権利（憲法二五条）、法の下の平等（一四条）、一人ひとりの尊厳（一三条）などの憲法で保障する基本的人権の視点からみると、災害時に被害を受けやすい社会的に立場の弱い人、声を出しにくい人の人権も守るための課題が浮かび上がってくる。

❷ 緊急事態条項は憲法を一時停止できるようにするための規定。三権分立を停止して国家権力を行政（内閣）に集中するもの。日本国憲法では国民の権利自由を守るために設けていない。大規模災害に備えるために緊急事態条項追加の憲法改正が必要か、戦前の日本やナチスの独裁を生んだ危険性を理解して議論する必要がある。

❸いつ起きるかわからない大規模災害には、①〝七二時間〟を生き残れ、②〝身のまわり〟で助け合う、③〝社会〟で支え合う、という三つの視点で備える。

1　「台湾地震、スピード開設の避難所　識者が考える「日本が見習うこと」」（朝日新聞、二〇二四年四月八日付）。
2　ＪＶＯＡＤのウェブサイトはhttps://jvoad.jp/
3　木村草太「緊急事態条項の実態は「内閣独裁権条項」である　自民党草案の問題点を考える」（論座アーカイブ、二〇一六年三月一四日）。https://webronza.asahi.com/politics/articles/2022070200003.html
4　全権委任法…ナチスドイツで制定された、ヒットラー政府に立法権を委ねる法律。基本的人権を侵す法でも政府の一存で定めることができ、これによりヒットラーは絶大な権力を有することになる。
5　衆参同日選挙…参議院選挙と合わせて衆議院を解散し、同じ日に投開票すること。衆議院議員は解散すると国会議員の地位を失うので、選挙中は衆議院を開くことができなくなる。
6　https://www.youtube.com/watch?v=h3YylcsxOyU
7　「荒川にも〝決壊〟リスクが…２０１９年台風19号で検証」（ＮＨＫ『災害列島　命を守る情報サイト』、二〇二〇年一〇月一二日）。https://www3.nhk.or.jp/news/special/saigai/select-news/20201012_01.html
8　https://www.c.cao.go.jp/lib_012/nankai_all.html

第6章

宗教と信教の自由

――人生を支えるもの

1 信教の自由

(1) 沈黙——キリシタン弾圧と踏み絵

「政治と宗教の話はするな」と言われることがあります。これまで「政治」の話は、主権者として大事だという視点から繰り返し言及してきました。今回は、一人の人間として私たちが生きるために必要なこととして、「宗教」の話を一緒に考えていきたいと思います。生きるための武器として憲法を学ぶ時には、実は「政治と宗教の話は大切だ！」と言ったほうがよいかもしれません。

遠藤周作《えんどうしゅうさく》の小説『沈黙』（新潮文庫、一九八二）をご存知でしょうか。『沈黙』の舞台は、江戸時代の長崎。島原《しまばら》の乱が鎮圧《ちんあつ》され、キリシタン禁制（キリスト教禁止）が厳しくなった頃の物語です。主人公はロドリゴ。神の教えを世界に広げたいとの志《こころざし》を胸に極東《きょくとう》の国、日本に渡ってきたイエズス会の宣教師《せんきょうし》です。ロドリゴは、自らが過酷な拷問《ごうもん》を受けてもキリスト教を捨てる（棄教《ききょう》・背教《はいきょう》）することはしないと覚悟していました。しかし、ロドリゴは自分が棄教《ききょう》しないことで、日本人信徒《しんと》たちが残忍《ざんにん》な拷問《ごうもん》を受け、死んでいくことに苦悩します。「神の存在、背教の心理、西洋と日本の思想的断絶など、キリスト信仰の根源的な問題を衝き、〈神の沈黙〉という永遠の主題に切実な問いを投げかける長編[1]」と紹介される名作です。

『沈黙』は次の「まえがき」から始まります。

ローマ教会に一つの報告がもたらせられた。ポルトガルのイエズス会が日本に派遣していたクリストヴァン・フェレイラ教父が長崎で「穴吊り」の拷問を受け、棄教を誓ったというのである。この教父は日本にいること二十数年、地区長（スペリオ）という最高の重職にあり、司祭と信徒を統率してきた長老である。

当時の日本では、キリスト教が禁止されていました。キリスト教を捨てることの証《あかし》として、イエスや聖母マリアの像を足で踏むことが強制されたのです。これを「踏み絵」と言います。この『沈黙』は映画[2]にもなっています。「穴吊り」がいかに酷《ひど》い拷問《ごうもん》なのか、映画をみると、そのシーンを正視することができないほどです。穴の上に足を縛られて逆さ吊《づ》りにされて、キリスト教を棄《す》てるように迫るのです。耳に針を刺して、頭に血が上って死なずに苦しむようにするのです。このように宗教や信仰が迫害される場面が克明《こくめい》に描かれています。

『沈黙』の舞台となった長崎と天草《あまくさ》地方では、厳しい宗教弾圧にもかかわらず表向きは仏教徒として生活し、内面ではキリスト教を信仰する「潜伏キリシタン」が自分たちで洗礼《せんれい》などの宗教儀式を行い、信仰を承継してきました。二〇一八年七月に「長崎と天草《あまくさ》地方の潜伏キリシタン関連遺産」としてユネスコの世界文化遺産にも登録されました。そのひとつを構成する大浦天主堂《おおうらてんしゅどう》で「踏み絵」を見ることもできます。

(2)内心の自由の絶対的保障

キリスト教を捨てることを迫る「踏み絵」は、信教の自由を侵害したもっとも典型的なものです。当時のキリシタンにとっては、単なる踏むという行為とはいえません。踏むという行為を通して、その人の内心が侵《おか》されているのです。私たちが注目すべきなのは、なぜ宗教や信仰が迫害されるのか。そして、それほどまで酷《ひど》い迫害を受けても、人はなぜ信仰を守るのか。人間が生きる上で宗教がいかなる意味を持つのかという点です。その問いかけの中で、日本国憲法を含めた世界の近代憲法が「信教の自由」を保障している意味が理解できます。

信仰を捨てるように迫ることは人間の心の中に土足で入り込むようなものです。**日本国憲法**は**二〇条一項**で、

> 信教の自由は、何人に対してもこれを保障する。いかなる宗教団体も、国から特権を受け、又《また》は政治上の権力を行使してはならない。

一九条で、

思想及《およ》び良心の自由は、これを侵《おか》してはならない。

と信教の自由と思想良心の自由を内心の自由として絶対的に保障しています。絶対的保障というのは、その人がいかなる信仰、思想を持とうと、その信仰や思想が内面にとどまっている場合にはいかなる制約を受けることもないという意味です。これらの規定から、憲法が、人が生きる上で内心の自由をいかに大切にしているかがわかります。

2 政教分離

(1) 大日本帝国憲法と国家神道

大日本帝国憲法二八条では、「日本臣民ハ安寧《あんねい》秩序ヲ妨《さまた》ケス及《および》臣民タルノ義務ニ背《そむ》カサル限《かぎり》ニ於《おい》テ信教ノ自由ヲ有ス」と規定されていました。信教の自由は保障されていましたが、

「安寧《あんねい》秩序ヲ妨《さまた》ケス及《および》臣民タルノ義務ニ背《そむ》カサル限《かぎり》ニ於《おい》テ」と限定され、社会の安全秩序や天皇の臣民としての義務に背《そむ》かない範囲でしか認められていませんでした。

なぜ制約されたのか。それは大日本帝国憲法では「天皇ハ神聖ニシテ侵《おか》スヘカラス」（三条）とされ、天皇は「現人神《あらひとがみ》」として神聖化されていたからです。大日本帝国憲法のもとで政府は天皇を神聖化する国家神道を、宗教としての神道諸教派、仏教、キリスト教等を超越する非宗教として位置づけ、信教の自由も国家神道と抵触しない限度内で認めたのです。「神道は宗教にあらず」と言われていました。しかし、これは国家神道と抵触すれば信教の自由が認められず、宗教弾圧が行われるということです。また、国家神道が日本の軍国主義に深く関係していたとされます。そのため戦後、天皇は「人間宣言」を行い、日本国憲法では天皇は「神聖」な存在ではなく、**「日本国の象徴であり日本国民統合の象徴」（憲法一条）**であるとされました。

(2)日本国憲法と政教分離

国家神道が軍国主義に深く関係してきたことから、戦後の日本国憲法では政治と政教を分離する「政教分離」の規定が盛り込まれました。これは政治が宗教に介入してはいけないということであり、逆に宗教が政治に介入してはいけないということです。

もう一度、憲法二〇条をみてみましょう。**二〇条一項**の後段は**「いかなる宗教団体も、国から特権を受け、又《また》は政治上の権力を行使してはならない。」**と規定しています。これは国が特定の宗教団体に特権を与え、政治上の権力を行使させることも同時に禁止している規定です。さらに、**二項**は**「何人も、宗教上の行為、祝典、儀式又《また》は行事に参加することを強制されない。」**、**三項**は**「国及《およ》びその機関は、宗教教育その他いかなる宗教的活動もしてはならない。」**と規定しています。

これらの政教分離を財政面から裏づけているのが**憲法八九条**の、

> 公金その他の公の財産は、宗教上の組織若《も》しくは団体の使用、便益若《も》しくは維持のため、又《また》は公の支配に属しない慈善、教育若《も》しくは博愛の事業に対し、これを支出し、又《また》はその利用に供《きょう》してはならない。

という規定です。二〇条と八九条の規定から念入りに政教分離が定められています。

それでは、ここで質問です。国が、法隆寺《ほうりゅうじ》などの文化財保護を行うことは、政教分離について定めた憲法二〇条および八九条の規定に違反するでしょうか。

Q 質問

国が寺社《じしゃ》などの文化財保護を行うことは、憲法二〇条一項および憲法八九条に違反するでしょうか。

法隆寺《ほうりゅうじ》は仏教のお寺です。宗教上の組織・団体にあたりそうです。文化財保護のために国から補助金が出るとすれば、それは公金の支出になり、政教分離から許されないのでしょうか。結論からすると、現在の憲法解釈では、宗教活動や宗教施設を保護するのではなく、あくまでも文化財としてのお寺を保護することは憲法の定める政教分離には反しないとされています。世界最古の木造建築を文化財として国が保護することは許されると解釈されます。

では今度は、学校教育と宗教に関する質問です。

Q 質問

国が仏教系またはキリスト教系の学校に助成金を出すことは、憲法二〇条三項および憲法八九条違反でしょうか。

キリスト教系の学校では礼拝《れいはい》、ミサの時間があるところもあります。仏教系の学校の中には心の教育を仏教精神で実現します、というような目標を掲げているところもあり、宗教に深く根ざした教育方針をとる学校も多くあります。そのような学校に補助金を出すことは政教分離の憲法の定めに反するのでしょうか。

憲法違反だという解釈もあり得るかもしれませんが、一般的には宗教教育そのものに補助金を支出するのではなく、教育機関としての学校に補助金を出すのだから政教分離に反しないと解釈されています。実際に私学助成金は、教育方針が宗教に関わっている仏教系やキリスト教系の学校にも広く支出されています。

このように政教分離といっても、政治と宗教が一切関わってはいけないというわけではありません。では、どのような基準で判断しているのか。その判断基準を示した最高裁判決を紹介します。「津《つ》地《じ》鎮《ちん》祭《さい》事件」と呼ばれる一九七七年七月一三日の最高裁判所大法廷[3]判決です。三重県津《つ》市の市立体育館建設の時に、市が神道式の「地《じ》鎮《ちん》祭《さい》」を行ったことが政教分離を定める憲法に違反しているのではないかと争われた事件です。最高裁は、**「主催者、式次《し》第《だい》などの外形的側面のみにとらわれず、行為の場所、当該行為に対する一般人の宗教的評価、当該行為を行うことについての意図、目的、及《およ》び宗教意識、一般人への影響など、諸般の事情を考慮し、社会通念に従って判断しなければならない。」**という基準を立てて、地《じ》鎮《ちん》祭《さい》は宗教に関わりを持つことは否定できないが、その目的は工事の無事安全を願うなどのもので、社会の一般的慣習にならった儀礼的なもので世俗的なものであること、その影響も神道を援助、助長するものではないとして、市が地《じ》鎮《ちん》祭《さい》を行ったことは政教分離を定める憲法二〇条、八九条に違反しないと判断しました。この基準は「目《もく》的《てき》効《こう》果《か》基《き》準《じゅん》」と呼ばれています。

この目《もく》的《てき》効《こう》果《か》基《き》準《じゅん》で、あらためてお寺の文化財保護に補助金を出すことを考えると、宗教に関わりはあるものの、目的は文化財の保護であり、その効果も仏教を援助するものではないといえそうです。学校への助成金についても、学校を設立した特定の宗教を援助する目的はなく、学校法人等の教育機関を支援する目的であり、その影響も特定の宗教を援助、助長する効果はないと考えられます。

このような基準は曖昧《あいまい》だという批判もあるかもしれませんが、他方で調和の精神で憲法を社会の中に取り入れて生かしているとみることもできます。戦前の日本における国家神道が軍国主義を進める原動力のひとつになった反省から、政治と宗教の関係をどのように考えるかは日本の大きな課題です。政治も人間が行うことから、非公式の人間関係も含めれば宗教と政治が一切の関係を絶つということは現実的ではありません。また、宗教の側からみても社会に存在し、多くの人や出来事と関係する以上、全く政治と関わらないということも困難です。戦前の反省もふまえて憲法で政教分離を定め、それを社会の中に取り入れて生かすための知恵だと私は思っています。

3 宗教を知る、考える

(1) 旧統一教会問題とオウム事件

政府は、安倍晋三《あべしんぞう》元首相が銃撃《じゅうげき》された事件を機に、高額な献金やいわゆる「霊感商法《れいかんしょうほう》」[4]の問題があるとされる世界平和統一家庭連合《せかいへいわとういつかていれんごう》（旧統一教会《とういつきょうかい》）に対する宗教法人法に基づく解散命令請求を東京地方裁判所に提出しました。政府は当初、信教の自由を保障する観点から、解散命令請求には慎重な立場でしたが、被害の訴えが相次いで寄せられ、旧統一教会に対して質問権の行使を繰り返し、高額献金や霊感《れいかん》商法などのトラブルについて、組織性、継続性、悪質性があると認定し、解散命令請求の対象になると判断しました。

　宗教法人の解散命令が出された例としてオウム真理教《しんりきょう》事件があります。今この本を読んでいるみなさんの多くは、生まれる前の出来事ですから、オウム真理教《しんりきょう》事件について知らない人もいると思います。オウム真理教《しんりきょう》は、一九八九年の坂本弁護士一家殺害事件や一九九五年の地下鉄サリン事件など数々の事件を引き起こし、合わせて二九人が死亡、約六五〇〇人が被害に遭《あ》っています。地下鉄サリン事件の時私は大学一年生で、その日のお昼に都内で待ち合わせをしていたのをキャンセルして、これはテロなのだろうか、一体何が起きたのかと恐怖を感じながらテレビに釘付《くぎづ》けになっていたことを覚えています。

　地下鉄サリン事件はオウム真理教《しんりきょう》による犯行だとわかり、教団の代表や幹部は逮捕され、オウム真理教《しんりきょう》には宗教法人法に基づき解散命令が出されました。教団の代表や幹部一三人が殺人罪等で死刑となり、二〇一八年に一三人全員に対して刑が執行されました。宗教法人としてのオウム真理教《しんりきょう》は解散し、破産しましたが、後継団体といえる「アレフ」などは、若い世代を中心にいまも新たな信者を増やしていると報じられています。[5] 勧誘マニュアルが存在し、そこには勧誘する相手に信者が一人から二人で寄り添《そ》うことや、お茶会や勉強会、それにイベントの順に参加してもらい、最後に「アレフ」を紹介して入信させるといった勧誘の流れが記載されているようです。このように最初は宗教だとわからないように勧誘して、人間関係が深まった時点で宗教であり、オウム真理教《しんりきょう》に関係ある教えだと初めて明かす手口が使われています。

実は、このように「宗教」であることを隠して近づき、宗教勧誘を行う手法はいわゆる「カルト宗教」に多く見られます。最近でも大学のサークルや就職活動のサポートを舞台にカルト宗教への勧誘が行われています。大阪大学は、公式Youtubeチャンネルで「ボランティアやスポーツサークルを隠《かく》れ蓑《みの》にしたカルト団体に要注意!! 動画配信中！」[6]として興味深い動画を配信しています。動画は「その1：待伏ノ術編」、「その2：追付ノ術編」など4つに分かれており、勧誘の手口と対策が紹介されていますので、特に大学生のみなさんは一度見ておくと安心です。

(2) なぜ宗教が生まれたのか

事件を起こした宗教団体やカルト宗教の話ばかりをすると、宗教は怖いものだから近づかないようにしようと思うかもしれません。しかし、世界を見渡すと、アメリカ大統領は就任式でキリスト教の聖書に手をかけて宣誓《せんせい》します。また洋の東西を問わず、文学作品や絵画などの芸術作品は宗教に深く裏打ちされたものが多く存在します。日本でも法隆寺《ほうりゅうじ》などの文化財を仏教などの宗教と切り離して理解することはできません。「カルト宗教」に人が引き込まれるのは宗教そのものに人を引きつける力があるからだと考えることもできます。宗教は怖いと思考停止するのではなく、ここでは宗教とは何か考えるために、なぜ宗教が生まれ、信仰されているのか？という問いを立ててみたいと思います。

Q 質問

なぜ世界各地で宗教が生まれ、信仰されているのでしょうか。

学生時代、タイとフィリピンにバックパックを担《かつ》いで旅に出ました。初めての海外旅行でした。格安航空券を使ってタイのバンコクに着いたのは夜中。そこから安宿《やすやど》が集まるカオサン通りというところに行きました。ところが、どの宿でも「No Room!」と言われて泊まれません。どこにも行き場がなく、辿《たど》り着いたところは日本でも馴染《なじ》みのあるセブンイレブン。

コンビニがバンコクにもあると思い、安心したのもわずかの間でした。警備員が大きな銃《じゅう》を肩からかけているのが目に入り、ここは日本ではないと実感し、急に怖くなりました。コンビニの前で途方に暮《く》れていると、大柄なドイツ人の男が声をかけてきました。「困っているのか？　宿なら俺が泊まっているところに入れるよ。一緒に行こう。ところで財布を落としてしまってお金がない。少しだけ貸してくれるか」とのこと。今ではついて行きませんが、初めての海外旅行。不安に思いながらも友人と二人でついて行きました。

ドイツ人の男について行くと、廃棄された自動車と野良《のら》犬がいるような道をしばらく歩き、そこから人が一人やっと通れる細い路地に入り、また進みます。これは襲《おそ》われるかもしれないと思い、後悔しました。そのとき私の友人はずっと後ろを歩き、いつでも逃げられる距離にいました。彼は用心深かったのです。しかし、ドイツ人の男は、いい人でした。日本語も英語も通じない安宿《やすやど》に辿《たど》り着き、ベッドがいくつか置いてある広い部屋に通されました。ドミトリーで一部屋に大勢が泊まれる宿でした。とにかくバックパックを抱きしめてベッドに横になり、朝が来るのを待ちました。

無事に朝を迎えて、それから数日後、ドイツ人の男とバンコクの屋台で一緒に食事をすることになりました。たまたまその屋台で、タイ人の仏教徒、トルコかアフガニスタンから来

たイスラム教徒、キリスト教徒のドイツ人、お葬式は仏教、クリスマスは祝い、初詣《はつもうで》に行くが特定の信仰はない私が一緒になりました。どういう流れか、宗教の話になり、キリスト教やイスラム教の礼拝のことなどを聞きました。タイの成年男子は短期間出家《しゅつけ》するのだという話も聞きました。私は拙《つたな》い英語で日本は「八百万《やおよろず》の神」という考えがあり、草や木にも神が宿るアニミズムの思想が根底にあると話しました。そこでイスラム教徒の男が「神は唯一だ」「たくさんいるのはおかしい」と怒り出します。ドイツ人のキリスト教徒もイスラム教徒の話に強く頷《うなず》きます。屋台で宗教戦争が始まりそうな勢いでしたが、最後はイスラム教徒の彼が「俺はお酒を飲む、ダメなイスラム教徒だからな」と笑って終わりまし

た。そういえばイスラム教では飲酒が禁じられていたのでした。このとき、日本にいるとわからないけれど、生活の中に宗教が根ざしているのだなと感じました。

一神教の世界をみると、まずユダヤ教が生まれ、その後キリスト教、イスラム教が生まれていきます。その中にもたくさんの宗派があります。仏教はインドで生まれ、日本やタイなどアジアに広まりました。仏教発祥《はっしょう》の地ですが、インドにはヒンズー教徒が多くいます。世界各地でさまざまな宗教が生まれ、広がり、信仰されています。なぜ宗教は生まれ、信仰されるのでしょうか。この問いに正解はないかもしれません。

私は、人が死ぬこと、そして身近な人の死が悲しいこと、それを受け止め、生きるために宗教が生まれ、信仰されているのではないかと考えています。人が死ぬこと、そこに悲しさがあること、それを超える力や原理を人が求めることは世界各地で、時代を問わずに変わらない、つまり普遍《ふへん》的なことだと思うからです。人生を支えるものとして宗教が生まれ、信仰されているのではないでしょうか。バンコクの屋台で出会った彼らの言葉は、その一端だったのだと思っています。

この章の初めにも紹介した作家、遠藤周作《えんどうしゅうさく》の『深い河』（講談社、一九九三）は、キリスト教だけではなく、ヒンズー教、イスラム教、仏教、無宗教のそれぞれの観点から宗教の存在意義を深く考えさせられる作品です。遠藤周作の晩年の作品で、長年宗教の問題に正面から取り組んできた彼の集大成《しゅうたいせい》と言えます。宗教の違いについて、**「道は違えど目指す山頂は同じ」**という言葉が『深い河』の中には出てきます。映画にもなった作品で[7]、インドの母なる河ガンジス川での場面は圧巻《あっかん》です。ぜひ小説だけではなく、映画も観《み》てもらいたいです。世界各地でなぜ宗教が生まれ、信仰されるのかという問いに対するひとつの答えだと思います。

(3)〝読書〟があなたを助ける

この本では、なるべくたくさんの本を紹介する機会をつくっています。巻末にも、本書の内容をより深めるためにブックガイドを設けました。そこで読書に関する質問です。

Q 質問

①月に何冊、本を読んでいますか？
②おすすめの本は何ですか？

この本を手に取ってくださっているみなさんは、本を読む人だと思います。大学の一年生の授業で聞くと、どのような回答が返ってくるでしょうか。毎年傾向は変わらず、①はゼロ冊が一番多い回答です。②のおすすめの本を聞くと、思ったよりもたくさん出てきます。上橋菜穂子《うえはしなほこ》さんの『鹿の王』（角川書店、二〇一四）は大学生からおすすめされて初めて読んで、とてもよかったです。そのほかにはミヒャエル・エンデの『モモ』（大島かおり訳、岩波少年文庫、二〇〇五）、サン・テグジュペリの『星の王子さま』（河野万里子訳、新潮文庫、二〇〇六）などもよく学生からのおすすめの本であげられます。学生で読書習慣がある人は少ないけれど、読書経験はある人が多いという印象です。

読書から宗教を知ることとは、自分がどのように生きるかを考え、時にはカルト宗教から自分や家族を守ることにもつながります。宗教を理解することとは世界を見る目や物事を本質から考える力を養うことです。それは教養を磨《みが》くことと言い換えられます。ここでは私自身が影響を受け、宗教を理解する助けになる本を紹介します。

『沈黙』や『深い河』の作者遠藤周作《えんどうしゅうさく》は、母親がキリスト教徒で幼い時に洗礼《せんれい》を受けました。いわゆる「宗教二世」に当てはまるのかもしれません。彼は日本人に西洋で生まれたキリスト教が本当に根づくのか、自分自身の問題として生涯《しょうがい》問い続けました。その遠藤周作《えんどうしゅうさく》が彼の考えるキリスト教をまっすぐに描いたのが『イエスの生涯』（新潮文庫、一九八二）です。新約聖書はイエス・キリストの生涯《しょうがい》を描いたものですから、遠藤周作《えんどうしゅうさく》の聖書と位置づけることができるかもしれません。聖書は、世界でもっとも読まれている書物といえるでしょう。世界のベストセラーであり、キリスト教徒であるかどうかに関わりなく、「常識」として読んでおくべき本です。

イスラム教の聖典は「コーラン」です。書籍のタイトルそのものですが、コーランを読む手がかりとしては井筒俊彦《いづつとしひこ》『『コーラン』を読む』（岩波現代文庫、二〇一三）がおすすめです。

仏教を知る第一歩としておすすめは、手塚治虫《てづかおさむ》『ブッダ』（「手塚治虫文庫全集」講談社、二〇一二）です。ブッダの生涯《しょうがい》や思想が見事に表現されています。漫画で深い思想が表現できるところが、手塚治虫《てづかおさむ》が「漫画の神様」と言われるゆえんなのかもしれません。また日本に根づいた仏教を知る入り口として、おすすめなのは吉川英治《よしかわえいじ》『親鸞』（講談社 吉川英治文庫、一九七五）です。吉川英治《よしかわえいじ》は『三国志』などの歴史物で知られる作家です。親鸞がどのような時代の中で生きたのかも伝わってくる作品です。親鸞は浄土真宗《じょうどしんしゅう》を開いた人で、それまでの厳しい修行をしなければ悟りに到達しないという「自力本願」から、念仏を唱え、仏に願うことが大事だとする「他力本願」へのいわば仏教思想を大転換した人物です。親鸞を描いた作品、研究は多くありますが、私は吉川英治《よしかわえいじ》の描く人間らしい苦悩をもった親鸞がとても好きです。

宮沢賢治《みやざわけんじ》『銀河鉄道の夜』(岩波文庫、一九五二)は児童文学として親しまれていますが、実は深い宗教性をもった作品です。物語の中に「すきっとした金いろの円光をいただいて、しずかに永久に立っている」「立派な目もさめるような、白い十字架」や「ハレルヤ、ハレルヤ」の声、黒いバイブルや祈りというキリスト教を思わせる描写も多くあります。旅の終わりに近いころ、主人公の少年ジョバンニが「カムパネルラ、また僕たち二人きりになったねえ、どこまでもどこまでもいっしょに行こう。僕はもう、あのさそりのようにほんとうにみんなの幸いのためならば僕のからだなんか、百ぺん灼いてもかまわない。」と言うと、隣に座るカムパネルラが「うん。僕だってそうだ。」と答えます。「みんなの幸いのためならば僕のからだなんか、百ぺん灼いてもかまわない」という言葉は、キリスト教では人々の罪のために自ら十字架《じゆうじか》につくイエス・キリストが重なります。仏教でも自らの肉を旅人に食べてもらうために火に飛び込むウサギの説話があります。共通するのは自己犠牲の精神です。物語の最後に描かれるカムパネルラの姿からも自己犠牲について宮沢賢治《みやざわけんじ》が深く考え、私たちに問いかけていることがわかります。

憲法の保障する「信教の自由」は、世界各地で生まれ、信仰されている宗教は普遍《ふへん》的なものであり、人類にとって本質的に大切なものなのだという価値観のあらわれです。本章では宗教弾圧から宗教団体による事件、政教分離の具体例、そして文学作品からみた宗教と幅広く論じてきました。「信教の自由」というたった五文字の短い言葉ですが、その背景にはとても広く深い世界があります。その入り口、あるいは考えるきっかけをみつけてもらえばうれしいです。

第6章のポイント

❶ 信仰を捨てるように迫ることは人間の心の中に土足で入り込むようなもの。憲法は、信教の自由（憲法二〇条一項）、思想良心の自由（一九条）を内心の自由として絶対的に保障している。いかなる信仰、思想を持とうと、その信仰や思想が内面にとどまっている場合にはいかなる制約を受けることもない。

❷ 軍国主義を国家神道が支えた歴史から憲法では政教分離を定めている。政治と宗教の関わりを一切禁じているのではなく、法隆寺《ほうりゅうじ》に対する文化財保護の助成金等は政教分離に反しないと解釈されている。

❸旧統一教会《とういつきょうかい》問題、オウム真理教《しんりきょう》事件など宗教の負の側面を知り、カルト宗教に取り込まれないことが大切だ。読書は自分がどのように生きるかを考え、宗教を理解し、自分や家族、大切な人をカルト宗教から守る助けになる。

1　新潮文庫版あらすじ（https://www.shinchosha.co.jp/book/112315/）より。
2　マーティン・スコセッシ監督『沈黙―サイレンス』（二〇一七）。
3　最高裁大法廷：最高裁判所の中でも、特に憲法判断に関する案件、過去に最高裁の出した判例を変更する必要のある案件等を扱う法廷。最高裁の裁判官一五人全員によって審理が行われる。
4　霊感商法：「悪霊を祓う」「幸運になる」などとだまして、商品を不当に高い値段で売りつける商法。
5　ＮＨＫ「オウム真理教事件　死刑執行」https://www3.nhk.or.jp/news/special/aum_shinrikyo/
6　https://www.osaka-u.ac.jp/ja/campus/life/caution/cults
7　熊井啓監督、一九九五年公開。

第7章

メディアと学問

――民主主義の出発点

1 表現の自由

(1) 戦争と検閲

ロシアでは、二〇二二年三月、政権に批判的な放送を行ってきたラジオ局「モスクワのこだま」が三〇年以上続いた放送を停止し、解散しました。同年二月のウクライナへの軍事侵攻後、プーチン政権はメディアに対する言論統制を強めています。プーチン政権は「モスクワのこだま」などのメディアに対して「ウクライナでの軍事作戦を『侵攻』とか『戦争』などと表現している」として、政府発表以外の情報を削除するよう指示し、従わない場合は、ウェブサイトへのアクセスの制限や多額の罰金を科す可能性があると警告していました[1]。また、軍の活動で意図的に誤った情報を拡散するなどした個人や団体に対し罰金五〇〇〇万ルーブル（約七五〇〇万円・二〇二五年一月現在）や、最大で一五年の禁錮《きんこ》刑を科す刑法改正案に署名し、言論統制が強化されました。プーチン政権に批判的なメディアは記者の安全面を考慮して、活動の縮小を余儀なくされています[2]。

香港では民主化勢力が当局の厳しい取り締まりを受けています。二〇年に施行された香港国家安全維持法[3]によって、香港最大の民主派新聞「蘋果日報（アップルデイリー）」の創業者である黎智英（ジミー・ライ）氏は無許可の集会に参加したとして逮捕されました。さらに、アップルデイリーに掲載した記事が同法に違反するとして、編集局が強制捜査を受け、複数の幹部も逮捕されました。そのような状況のもと、二〇二一年六月に同紙は発行停止になりました。[4]

香港とロシアのメディアの話を紹介したのは、「表現の自由」が奪われていく典型だからです。日本でも戦前は「検閲」があり、政府が発表前に内容をチェックし、政府の意図に反する記事や放送はできませんでした。

現在の**日本国憲法**では**二一条**で、

> 一　集会、結社及《およ》び言論、出版その他一切の表現の自由は、これを保障する。
> 二　検閲は、これをしてはならない。通信の秘密は、これを侵してはならない。

と表現の自由が保障され、検閲は禁止すると定められています。シンプルですが、とても重要な規定です。

日本ではどのように検閲が行われていたのでしょうか。河原理子《かわはらみちこ》『戦争と検閲―石川達三を読み直す』（岩波新書、二〇一五）は、石川達三《いしかわたつぞう》が書いた『生きている兵隊』[5]が検閲に違反して出版され、有罪になった事例を軸に戦前の検閲制度について書かれた本です。『生きている兵隊』は芥川賞作家だった石川達三《いしかわたつぞう》が日中戦争でのある部隊を描いた長編小説です。徴兵《ちょうへい》制のため、「日本兵」は職業軍人ではなく、小学校の教師や僧侶《そうりょ》、農家の次男たちでした。彼らが戦地で行ったとされる略奪などの事件や故郷に帰りたいという赤裸々《せきらら》な思いも検閲の対象となっていました。

検閲の根拠となった大日本帝国憲法下の新聞紙法では「安寧《あんねい》秩序」（国家の安全や秩序のこと）を乱す場合や風俗を害すると認められる時に発売、頒布《はんぷ》禁止し、必要であれば差し押さえできるとしていました（新聞紙法二四条）。また、陸軍大臣、海軍大臣または外務大臣は、軍事若《も》しくは外交に関する事項の掲載を禁止、制限する命令ができました（同法二七条）。これらに違反すると刑罰が科されます。これらは本章の冒頭で紹介した香港やロシアの言論統制と同じ構造です。時代と国は変わっても表現の自由に対する抑圧の構図はとても似ているのです。日本では新聞紙法は戦後に廃止されていますが、インターネットの規制も含めた現代版が復活しないと必ずしも楽観することはできません。戦前の反省に立って、言論統制の復活を防

ぐ役割が、表現の自由の保障する憲法二一条の役割なのです。

(2) 主権者としての「知る権利」

「表現の自由」は伝える側からみた自由ですが、私たちは情報の受け手であることが多く、テレビ、新聞、インターネットの記事や動画などで情報を得ています。このように情報の受け手側からみると「知る権利」があるといえます。「表現の自由」と「知る権利」は表裏《ひょうり》一体なのです。SNSでだれもが情報発信できるようになった今日も「表現の自由」と「知る権利」の両方が大切です。

　私たちは主権者として、社会にある問題を知ることができて、初めて考えることができます。知り、考えて、決めることができるのです。情報を十分に知ることができず、考える機会もなく、決めることだけをしていたら、たとえばそれが選挙で多数を占めたとしても取り返しのつかない失敗につながるかもしれません。憲法の基本原則である国民主権は、私たち一人ひとりが主権者として「決める権利」を持つだけではなく、決めるために「知る権利」を持ち、「考える権利」を持つことを前提にしています。知ることができなければ、考えることも決めることもできません。だから、「知る権利」は民主主義の出発点なのです。

(3) 弁護士の現場から

表現の自由はとても大切ですが、無制限に許されるわけではありません。表現の自由があるからといって他の人の名誉毀損《きそん》やプライバシー侵害することを許されません。表現の自由が他の人の基本的人権を侵害している場合に、どう調整するかが問題になります。たとえば、名誉毀損《きそん》やプライバシー侵害を理由に政府が介入すれば、それを口実にして言論弾圧が行われるおそれもあります。政府に批判的なメディアに対して、政府が特に厳しく介入するということも懸念《けねん》されます。

みなさんは、「ＢＰＯ」を知っていますか。正式名称は「放送倫理・番組向上機構」といい、放送における言論・表現の自由を確保しつつ、視聴者の基本的人権を擁護するため、放送への苦情や放送倫理の問題に対応する機関です。NHKと民放テレビ局の集まりである民放連によって設置された第三者機関です。政府の介入ではなく、第三者機関を活用することで表現の自由と基本的人権の問題の解決を図るというしくみです。

弁護士として関わったBPOに関係する事件があるので紹介したいと思います。

テレビ朝日は二〇一四年一二月に『世紀の瞬間&未解決事件 日本の事件スペシャル「世田谷一家殺害事件」』を三時間に及ぶ年末特番として放送しました。二〇〇〇年に発生し今なお未解決の世田谷一家殺害事件を取り上げ、FBIの元捜査官が犯人像をプロファイリングするという内容でした。番組では、被害者遺族のお一人が元捜査官と面談した内容が十数分間に編集されて放送されました。規制音・ナレーション・テロップなどを駆使したテレビ的技法による過剰な演出と恣《し》意《い》的な編集で、ご遺族があたかも元捜査官の見立てに賛同したかのようにみられる内容でした。メディア問題に詳しい梓澤《あずさわ》和幸《かずゆき》弁護士[6]たちと共に放送直後に抗議し、六本木のテレビ朝日本社に行き、テレビ朝日と協議しましたが平行線でした。

そこで、一五年一二月にBPOに申立て、記者会見を行いました。BPOで審理が重ねられ、ヒアリングも行われた結果、元捜査官の見立てにご遺族が賛同したかのように視聴者に受け取られる可能性が強い内容であり、新聞テレビ欄の番組告知の表記についても思わせぶりな伏字や本件放送内で語られていない文言を使った、番組内容の告知としてきわめて不適切なものだったとＢＰＯは判断しました。そして、「過度の演出や視聴者・聴取者に誤解を与える表現手法の濫用《らんよう》は避ける」「取材対象となった人の痛み、苦悩に心を配る」とした「日本民間放送連盟　報道指針」に照らして、本件放送は取材対象者に対する公正さと適切な配慮を著しく欠き、放送倫理上重大な問題があったと勧告しました。この勧告を受けて、テレビ朝日は自社の番組制作に放送倫理上重大な問題があったことを認める旨《むね》を放送しました。

ＢＰＯ申立て前のテレビ朝日との協議は平行線で、もしＢＰＯがなければ一度放送してしまえば多少問題があっても終わり、ということになっていたかもしれません。名誉毀損《きそん》等で裁判することも考えられますが、最高裁まで争うことになれば数年間はかかってしまいます。迅速《じんそく》に被害救済するためにもＢＰＯのしくみは大切だと実感しました。

(1) 学問の自由

大日本帝国憲法では「学問の自由」が明文では保障されていませんでした。学問の自由のうち研究の自由は思想良心の自由と重なり、研究発表の自由や教授の自由は表現の自由と重なるところもあります。しかし、戦前に政府の方針と合わない学問や学者が弾圧されたこともあって、

日本国憲法では独立して**憲法二三条**は、

> 学問の自由は、これを保障する。

としています。戦前の経験から「学問の自由」を守ることが社会にとって有益だと考えられていると言えます。

(2) 学問への弾圧

戦前の学問への弾圧がどのように行われたか具体的にみてみましょう。一九三三年、政府は京都帝国大学法学部教授だった瀧川幸辰《たきかわゆきとき》氏の著書『刑法講義』および『刑法読本』が自由主義的であるとして発売禁止処分にします。さらに政府は、京大総長に瀧川《たきかわ》教授の罷免《ひめん》を要

求しました。[7]京大側は拒絶しましたが、政府は独自権限で瀧川《たきかわ》教授の休職処分を強行しました。発売禁止だけではなく、罷免《ひめん》や休職によって学問研究や授業の場から追放することも行われたことから、表現の自由だけではなく、まさに「学問の自由」が脅《おびや》かされた事件でした。

もう一つ戦前の学問への弾圧として有名なものが「天皇機関説事件」です。1935年、美濃部達吉《みのべたつきち》氏の学説（天皇機関説）が不敬であると激しく攻撃されました。天皇を国家の中で役割を果たす「機関」と位置づけたものですが、神である天皇を「機関」とするのは天皇を軽視するもので不敬だとされたのです。美濃部《みのべ》氏は貴族院議員を辞職、不敬罪で告訴され、右翼暴漢による銃撃《じゅうげき》事件も起きました。不敬罪については美濃部《みのべ》氏は不起訴処分でしたが、学問が弾圧され、天皇の名のもとに国家主義、軍国主義が進んでいきました。

(3) 日本学術会議に関する任命拒否問題

科学が文化国家の基礎であるという確信のもと、行政、産業および国民生活に科学を反映、浸透させることを目的とし、一九四九年に内閣総理大臣の所轄《しょかつ》のもと政府から独立した特別機関として、日本学術会議が設立されました。日本学術会議は、日本の人文・社会科学、生命科学、理学・工学の全分野の約八七万人の科学者を内外に代表する機関であり、二一〇人の会員と約二〇〇〇人の連携会員によって政府・社会に対して日本の科学者の意見を直接提言するなどの職務を担うとされています。

二〇二〇年に菅義偉《すがよしひで》首相（当時）が日本学術会議の推薦した新会員候補一〇五名のうち六名の任命を拒否していたことがわかりました。この問題は国会などで大きく取り上げられましたが、政府は任命拒否の理由について「人事に関することで、お答えは差し控える」などとして具体的に説明しませんでした。拒否された六人は拒否の理由や経緯が記録された文書の開示を政府に請求しましたが、政府は不開示決定し、現在は文書開示をめぐって裁判で争われています。

この任命拒否は、政府の方針に反する学者の排斥《はいせき》ではないかと問題になっています。また、日本学術会議が軍事研究反対、核のごみ処分方針では政府見解と異なる見解を示していることも背景にあるのではないかと言われています。戦後、日本国憲法の「学問の自由」のもとに政府から独立した機関に対する、人事権による政府介入です。これは自分たちには無関係と軽視してはならない問題です。学問が弾圧されると、その時の政権に批判的な見解や事実が隠され、政府に都合の良いことしか伝えられなくなります。専門家の知見がなければメディアも根拠が弱くなり、伝えにくくなります。それは、私たちが「知る権利」を奪われることにつながります。学術会議問題の報道はほとんどなくなりましたが、「学問の自由」をめぐる最近の問題として注視してほしいと思います。

3 テクノロジーと表現の自由

(1) 劇的に進化する生成ＡＩ

生成ＡＩを使ったことがあるでしょうか。二〇二二年一一月に公開された対話式ＡＩに「ChatGPT」があります。小説や詩《し》を書いてほしいと言えば、それに応答して書いてくれます。プログラムのコードも書いてくれます。このように命令に対してコンテンツを出力してくれるＡＩは「生成系ＡＩ」（ジェネレーティブＡＩ、以下本章では「ＡＩ」と言います）と呼ばれ、ChatGPTのような文字や対話だけでなく、画像や音楽を生成するＡＩなど、さまざまな種類が登場しています。[8]

さて、ここで質問です。

Q

質問

大学入試の自己推薦書、就職活動の志望理由書、大学の課題レポートに生成ＡＩを使うことをどう思いますか。

ＡＩを上手に使えば、自分の実力以上に良い自己推薦書や志望理由書が書けるかもしれません。それはカンニングと同じで許されないという考え方もあるでしょうし、まわりの人からアドバイスや添削《てんさく》してもらうのと同じで問題ないという考え方もあります。出願要綱《ようこう》などで生成ＡＩの使用禁止または使用したら申告必要などの条件があれば、それに従うことになります。ＡＩが進歩し仕事や生活の中に取り込まれることが多くなれば、ＡＩを使うことは当たり前になるのかもしれません。

私は、大学の授業ではレポートを提出してもらっています。二〇二二年度の最終レポートの課題をそのまま質問して、生成ＡＩに回答させてみました。結果は想像を超えるもので、驚きました。課題とChatGPTの回答の一部を掲載しますので、ご覧ください。

課題レポート

「憲法入門 お薦めの本」(2022年12月9日配布資料)の中から1冊を選び、その本を読んだ上で、その本について「大学生にお薦めの一冊」と題した書評を1000字以内で書きなさい。書評では、その本の内容を紹介し、あなたがお薦めする理由を具体的に記しなさい。

● ChatGPT の回答

書評:『憲法入門』(著者:稲田朋美)

『憲法入門』は、稲田朋美氏による憲法についての理解を深めるための一冊です。本書は、2022年12月9日の配布資料に掲載されており、大学生にとって非常におすすめの一冊と言えます。この書籍では、憲法の基本的な原則や構造を分かりやすく解説しています。稲田氏は日本の政治家として活躍した経験を持ち、憲法に関する専門的な知識を持っているため、その解説は非常に信頼性が高く、また実践的な視点からも理解できるものとなっています。本書では、憲法の起源や目的、日本国憲法の特徴、憲法改正についての説明が詳細に行われています。特に、日本国憲法の戦争放棄や平和主義といった重要な条文についての解説は非常に興味深く、国際情勢にも目を向けることの重要性を理解する手助けになりました。（以下、省略）

ChatGPTの回答は、大学生におすすめする「書評」の形式で書かれており、戦争放棄や平和主義などのキーワードも入っています。しかしこの回答では、課題レポートは「不可」で単位を取ることはできません。なぜなのでしょうか。

政治家に稲田朋美《いなだともみ》衆議院議員がいますが、彼女には『憲法入門』という著書はありません。実在しない本の書評が出てくるとは想像できませんでした。なお、私が配布した資料には、『憲法入門』（著者：稲田朋美《いなだともみ》）という本は載《の》せていません。実在していない本ですので、いくら書評にみえる回答でもレポートとしては「不可」です。

技術は日進月歩《にっしんげっぽ》で進化しているので、ＡＩの精度も上がり、このような回答はなくなるでしょう。しかし、問題はＡＩのミスや失敗に使う側が気づくことができるかという点にあります。それらしい回答の中にあるミスや失敗に気づくのは難しく、時には専門的知見が必要なこともあります。回答を最初に見た時に抱いたのは「あれ？　稲田朋美《いなだともみ》さんは憲法改正に熱心だけど、こんな本を書いていたのかな？」という疑問でした。これは憲法問題に土地勘《とちかん》がない学生にはわからないかもしれません。ＡＩが間違えたからもう一度チャンスをください、というわけにはいきません。すべての道具がそうですが、便利になる反面、使い方を間違えると大きなリスクとなって跳ね返ってくることもあるのです。ＡＩを道具として使うための、私たちのリテラシーが大切になってきます。

(2) 生成ＡＩをめぐる諸問題

革新的な技術だといわれている生成ＡＩですが、懸念点《けねん》もあります。安川新一郎《やすかわしんいちろう》『BRAIN WORKOUT ブレイン・ワークアウト』（ＫＡＤＯＫＡＷＡ、二〇二三）では、①輪郭のぼやけた誤情報の拡散、②身体知を学ぶ機会の喪失、③批判的思考力の低下、④監視と思想統制と文明の分断（三〇六―一一頁）、をあげています。

生成ＡＩは、大規模言語モデル[9]からの出現確率の高い単語と文章の推測から成り立っているので、間違いも多いとされます。先ほどのレポートの誤りも同じ構造で出現したと考えられます。安川氏は誤情報が拡散することによって「言語空間が混乱」するかもしれないとしています。誤った情報が拡散し、さらにその誤った情報から学習して再拡大すると、インターネット上の言語空間にどんどん誤情報が再生産されることになります。また、意図的にフェイクニュースを作成し、拡散することも容易になります。

弁護士でも新人を雇用して裁判例などを調査させるよりもAIを活用したほうがよいと考えると、新人がベテランと一緒に仕事をしながら学ぶ機会が大幅に減るかもしれません。このような下積みの時間がなくなることが、身体知を学ぶ機会の喪失《そうしつ》です。

過去の集合知からのAIの回答に多くの人が頼ると、人類全体の批判的思考力が低下するのではないかとの懸念《けねん》もあります。これはAIの回答の質というよりも、「AIに質問し、その回答から学ぶ」という受け身中心になる思考方法の変化によって生じる可能性があるかもしれません。

生成AIを実用するにあたっては、何が有害で何が適正かのフィルターが必要です。たとえば、人種差別や暴力を助長する回答は有害であり、制限されるべきです。そのためにはAIのシステムに対する監視と統制が必要です。監視と統制には何が正しいかという価値観と思想が反映されます。そのため国によってフィルターの価値観は異なります。たとえばアメリカと中国では大きく価値観が違います。そうすると、価値観の異なる言語空間がつくられ、文明が分断していくおそれもあります。

その他にもAIが膨大《ぼうだい》な情報を学習する過程での著作権侵害も問題となっています。これらの懸念《けねん》点がルールづくりや技術の進歩で乗り越えられる課題なのか、それとも人類を大きく揺るがす事態につながるのか、現時点ではわかりません。しかし、あらゆる技術にはメリットもあればデメリットもあります。問題意識を持って新しい技術と向き合っていくことが必要だと思います。

(3) 私たちの言葉

「**表現の自由がないところに民主主義はない**」と言われています。政治に参加するためには、政治がどうなっているか伝えるメディアが必要であり、どのように考えているか自由に意見を言い合える場が必要だからです。独裁政治と表現の自由は両立しないのです。テクノロジーがどれほど進歩しても、私たちが主権者として、知り、考え、決めることが必要です。

私たちが私たちの言葉で自分たちの暮らす社会のことを知り、考え、決めていくことをAIに委《ゆだ》ねることはできません。もし委《ゆだ》ねたとしたら、おそらくAIを巧妙に使う人間が独裁政治を行う社会になるはずです。ＳＦ映画のような世界ですが、ＡＩが人間から独立して人間社会のことを決めるようになれば、それはＡＩによる独裁です。

民主主義のために、私たちは自分の言葉を大切にする必要があります。自分の言葉を大切にするということは、それと同じように他者の言葉を大切にすることです。言葉を大切にするということは、その言葉を発する人を尊重することです。たった一人の意見でも黙らせてはいけないとする哲学者Ｊ・Ｓ・ミルの言葉は、自由で民主的な社会の本質を突いています。

一人の人間を除いて、全人類が同じ意見で、一人だけ意見がみんなと異なるとき、その一人を黙らせることは、一人の権力者が力ずくで全体を黙らせるのと同じくらい不当である。（Ｊ・Ｓ・ミル『自由論』岩波文庫、三六頁）

さて、ここで質問です。たとえ少数意見になってもよいとして、三分間で民主主義のためにスピーチしてくださいと言われたら、何を話すでしょうか。今の政治や社会に言いたいこと、提案でも文句でも構いません。たとえば、渋谷《しぶや》のスクランブル交差点の前で三分間話してくださいと言われたら、何を話しますか。

Q

質問

渋谷《しぶや》のスクランブル交差点の前で、民主主義について三分間スピーチするとしたら、あなたは何を話しますか？

福澤諭吉《ふくざわゆきち》は『文明論之概略』（岩波文庫、一九九五）の中で、**「自由の気風は、ただ多事争論の間にありて存するもの」**と書いています。多様な意見が言い合えることが、自由な社会の源なのです。政治のこと、社会のことを自分が言っても変わらない、と思うかもしれません。多事争論《たじそうろん》をつくっていくのは、大きな権力を持つ人の大きな声ではなく、一人ひとりの小さな声なのです。メディアからみる表現の自由や学問の自由は少し遠いイメージがありますが、民主主義の出発点は、私たちの言葉を大切にすることから始まるのだと思います。表現の自由や学問の自由は、私たちの言葉を守り、尊重することを定めた憲法の規定なのです。

第7章のポイント

❶ 時代や国が変わっても表現の自由に対する抑圧の構図は似ている。日本でもイン

ターネットの規制を含む現代版の言論統制が復活しないと楽観はできない。戦前の反省に立ち言論統制の復活を防ぐ役割が、表現の自由を保障する憲法二一条の役割である。

❷表現の自由は、情報を受け取る側からみると「知る権利」である。憲法の基本原則である国民主権は、一人ひとりが主権者として「決める権利」を持つだけでなく、決めるために「知る権利」を持ち、「考える権利」を持つことを前提にしている。知ることができなければ、考えることも決めることもできない。表現の自由と知る権利は民主主義の出発点である。

❸AIで言葉が生み出されるようになっても、民主主義のために自分の言葉を大切にする必要がある。自分の言葉を大切にするということは、それと同じように他者の言葉を大切にすること。表現の自由や学問の自由（二三条）は、私たちの言葉を守り、尊重することを定めた規定である。

1 「ロシア メディアへの言論統制強まる 侵攻批判のラジオ局が解散」（NHK、二〇二二年三月三日放送）。
2 NHK文化放送研究所「ロシア、刑法改正で言論統制強めるも、国営テレビ職員が生放送中に反戦訴え」『放送研究と調査』二〇二二年五月号。

3　香港国家安全維持法…香港で反政府活動を取り締まる法。香港は中国の一部であるが、これまでは「一国二制度」として高度な自治を認められてきた。より民主的な選挙制度などを要求した大規模デモ（通称「雨傘革命」）等の動きを受け、危機感を抱いた中国政府は同法の制定に踏み切った。

4　「香港紙アップルデイリー、最終号を発行　抵抗し続けた民主派新聞の終わり」（BBC NEWS JAPAN、二〇二一年六月二四日付）。https://www.bbc.com/japanese/features-and-analysis-57591039

5　石川達三『生きてゐる兵隊』（河出書房、一九四五）。第二次世界大戦中の一九三八年に発表されたが、発売禁止処分となる。現在は中公文庫で伏字復元版を読むことができる。

6　梓澤和幸弁護士…『報道被害』（岩波新書、二〇〇七）などの著作があり、メディア問題に詳しい。憲法と法律をゼロから教えてくれた法科大学院時代からの私の恩師でもあります。

7　いわゆる「瀧川事件」。『刑法講義』『刑法読本』の二冊は世界思想社の『瀧川幸辰刑法著作集』（全五巻）に収録されている（現在は品切れ・重版未定）。

8　「生成系ＡＩ　創造力とリスクの新時代」（ＮＨＫジャーナル、二〇〇三年二月放送）。

9　大規模言語モデル…人間の言葉や文章における単語の出現確率をモデル化した「言語モデル」に大量のデータとディープラーニング（深層学習：人の手を介さずにコンピューター等が自ら学習し、データの中のパターンや特徴を見つけ出すこと）を用いて構築された技術。自然なテキストを生成することに長けており、「ChatGPT」も大規模言語モデルを使用している。

第8章

経済的自由

——職業と財産から考える

1 憲法の保障する経済的自由

(1) 経済的自由

経済と憲法は関係あるのだろうかと疑問に思う人もいるかもしれません。実は、憲法は私たちの経済活動の土台になっています。憲法が経済的自由を保障しているからです。憲法の経済的自由は、職業選択の自由、居住・移転の自由、財産権の保障から成り立っています。歴史的にみると経済的自由は、封建的制度に対して、市民革命期に自由な経済活動を行うために主張された権利だとされます。日本でも江戸時代は厳しい身分社会で職業を選ぶ自由はありませんでした。今日の私たちの暮らしから見ると、就職活動・転職は職業選択の自由があるから、引越しや旅行は居住・移転の自由があるからできると言ってもよいです。銀行に預貯金することや家や株式を買うことは財産権の保障があるからできることです。

(2) 職業選択の自由・営業の自由

憲法二二条一項には**「何人も、公共の福祉に反しない限り、居住、移転及《およ》び職業選択の自由を有する。」**と**「職業選択の自由」**が明記されています。職業選択の自由は自分の職業を

決定する自由ですが、そこには選択した職業を遂行する自由も含まれ、**「営業の自由」**と呼ばれています。職業選択の自由が基本的人権の一つとして保障されているのは、働くことが生活を維持する基盤であることと社会の中で自己の持つ個性をまっとうすべき場の両面を持っているからです。個性をまっとうするということは人格権、自己実現、幸福追求につながります。その意味では職業選択の自由は経済的自由ですが、精神的自由とも深く関係しています。

ここで第2章三九頁のピラミッド図を思い出してください。武器としての憲法の視点では、①自由と安全を守る基礎のところに生計の維持としての職業があり、②社会参加の保障として、職業選択と営業の自由が位置づけられます。そして、職業が社会の中で自己の個性をまっとうすべき場であるということは③人格権・自己実現・幸福追求につながります。

(3) 居住・移転の自由

二二条一項は、職業選択の自由とともに**「居住・移転の自由」**も定めています。ここには移動の自由、旅行の自由も含まれます。らい予防法が憲法違反であるとした熊本地裁判決（第1章参照）では強制隔離《かくり》が居住・移転の自由を侵害しているとしました。

コロナ禍《か》では、二〇二〇年四月に初めて緊急事態宣言が出され、感染拡大防止のために外出の自粛《じしゅく》や都道府県を越える帰省、旅行の自粛《じしゅく》が要請されました。まさに移動の自由に関する問題です。政府が外出や旅行を「禁止」にしないで「自粛要請《じしゅくようせい》」としたのは、禁止にすれば二二条一項との関係が問題になるからです。だからこそ、強制的に禁止するのではなく、あくまでも自主的に控えることをお願いするという形にしたのです。

また、今日の世界を見渡すと、独裁的な国家では、居住・移転の自由が著しく制限されています。二〇一四年三月に国連人権理事会に提出された北朝鮮における人権に関する国連調査委員会（ＣＯＩ）の最終報告書では、「移動及《およ》び居住の自由の侵害」に関して、「北朝鮮においては、生活すべき場所及《およ》び働くべき場所を国家が強制し、国民の選択の自由を侵害している。」「国民は当局の許可がなければ、一時的に居住している道を出ることも、国内を旅行することもできない。社会及《およ》び家族の結び付きを犠牲にして、全く異なる複数の居住状況を維持し、情報の流れを制限し、国家統制を最大化したいという強い願望が、この政策を後押ししている。」と報告されています。

(4) 財産権の保障

憲法二九条一項は、

> 財産権は、これを侵してはならない。

としています。これは**「所有権は、一の神聖で不可侵の権利である。」**としたフランス人権宣言一七条に由来していると考えられます。もっとも財産権は、所有権に限らず、債権《さいけん》、著作権等も含めた財産価値を有する権利を包括《ほうかつ》的に対象とするものです。

二九条二項は**「財産権の内容は、公共の福祉に適合するやうに、法律でこれを定める。」**として、**三項**は**「私有財産は、正当な補償の下に、これを公共のために用ひることができ**

る。」しています。これらは**「所有権は義務を伴う。その行使は、同時に公共の福祉に役立つべきである。」**というワイマール憲法一五三条に共通するものです。

憲法二九条の財産権の保障は、個人が有している財産の保障とともに、個人が財産権を持つことが法制度として保障される私有財産制度の保障であると考えられています。その意味では、自由主義経済、資本主義を支える憲法上の規定といえます。

2 経済的自由と公共の福祉

(1) 無制限な経済活動はなぜ許されないか

憲法二二条一項は職業選択の自由を保障していますが、職業活動であればすべて自由にできるわけでありません。無制限な職業活動は、国民の生命や健康に対する危険を及ぼす場合もあります。たとえば、薬の知識がない人が薬を売ったり、お金儲《もう》けのためだけに本来不必要な薬を大量に売りつけることは、生命や健康を脅《おびや》かす危険があります。そのため、憲法では職業選択の自由に対して**「公共の福祉に反しない限り」**という限定が付いています。

職業活動に対する公共の福祉による規制方法には、届出制、許可制、資格制等があります。理容業等は行政に届出が必要な届出制です。届出制より厳しい規制として行政の許可が必要な許可制があります。風俗営業、飲食業、貸金業等は許可制です。医師、薬剤師、弁護士等は資格制です。たとえば、医師の資格がなければ診療行為はできず、医師を名乗ることもできません。その他に電気、ガス、鉄道等は特許性といって事業を営む権利は国が独占することを前提に、国が認めた事業者に特別に事業を行う権限を与えるものがあります。

(2) 薬剤師法と弁護士法

私は薬科大学で憲法の講義をしているので、薬剤師を例に資格制の説明をしましょう。薬剤師の資格は薬剤師法によって定められています。薬剤師の役割は**「薬剤師は、調剤、医薬品の供給その他薬事衛生をつかさどることによつて、公衆衛生の向上及《およ》び増進に寄与し、もつて国民の健康な生活を確保するものとする。」**（免許）と薬剤師法一条で決められています。国民の健康な生活を確保するという「公共の福祉」ために薬剤師は資格制になっています。

さらに、**「薬剤師になろうとする者は、厚生労働大臣の免許を受けなければならない。」（免許の要件）**（同法二条）とあります。免許を受けるためには国家試験に合格しなければなりません**（同法三条、「薬剤師の免許（以下「免許」という。）は、薬剤師国家試験（以下「試験」という。）に合格し**

た者に対して与える。」）薬剤師国家試験を受けるためには薬科大学で学ぶことが必要です。このように薬学の知識を持つ者が薬剤師の資格を得られるようになっています。

薬剤師と同じように弁護士も資格制です。弁護士の資格は弁護士法で**「司《し》法《ほう》修《しゅう》習《しゅう》生の修習を終えた者は、弁護士となる資格を有する。」**（同法四条）と定められており、弁護士になるためには司《し》法《ほう》修《しゅう》習《しゅう》を終えなければなりません。司《し》法《ほう》修《しゅう》習《しゅう》生になるためには司法試験に合格しなければならず、司法試験を受けるためには法科大学院を修了するか修了見込み、または予備試験に合格する必要があります。

弁護士法では第一条で**「弁護士は、基本的人権を擁護し、社会正義を実現することを使命とする。」**と定められています。そして、**「弁護士は、常に、深い教養の保持と高い品性の陶《とう》やに努め、法令及《およ》び法律事務に精通しなければならない。」**（同法二条）とも定められています。大変高い基準ですが、私も弁護士として身を律して研鑽《けんさん》に努めなければと思います。

(3) 最高裁判例からみる経済的自由

今ある薬局から一定の距離内には新たに薬局を開設できないという適正配置規制が設けられていた薬事法が、憲法二二条一項の職業選択の自由に違反するかどうかが争われた最高裁判決[1]があります。薬科大学で憲法の経済的自由について授業するときには必ず紹介する判例です。

最高裁は、規制が憲法上許されるかどうかについて、薬事法による適正配置規制は二二条一項に違反すると判断しました。要約すると次のようになります。

職業選択の自由に対する規制が許されるかは、規制の目的、必要性、内容、これによって制限される職業の自由の性質、内容及《およ》び規制の程度を検討し、これらを比較考量したうえで慎重に決定しなければならない。このような規制をしなければ国民の保健に対する危険を生じさせるおそれがあることが、合理的に認められることが必要である。競争の激化が経営の不安定を招いて法規違反が起きるという因果関係に立つ不良医薬品の供給の危険は、単なる観念上の想定にすぎず、確実な根拠に基づく合理的な判断とは認めがたい。

このように判断して、最高裁は違憲判決を出しました。

憲法九八条一項には「この憲法は、国の最高法規であって、その条項に反する法律、命令、詔勅《しょうちょく》及《およ》び国務に関するその他の行為の全部又《また》は一部は、その効力を有しない。」とあり、憲法に違反する法律は無効ですから、薬局の適正配置規制は撤廃《てっぱい》されました。今では駅前や病院の近くに複数の薬局が営業していますが、この最高裁判決で薬事法の適正配置規制が違憲とされたから可能になったことです。

(4) 弁護士の現場から——都市再開発と憲法

① 賛否が分かれる秋葉原《あきはばら》の再開発

秋葉原《あきはばら》では現在、再開発計画が進んでいます。電気街、アニメなどのサブカルチャーが秋《あき》葉原《はばら》らしさを体現する駅前の雑居ビルなどがある地域を、ホテルや一七〇メートルの超高層ビルに建て替えるというものです。超高層化すれば床面積は大幅に増え、それを貸したり売ったりすれば経済的利益になります。しかしその代わり、いまの多くの路面店があり、個性と活気がある街並みはなくなります。超高層ビルの低層部に秋葉原《あきはばら》らしさを残すといっても難しいでしょう。地域の中でも再開発について意見が分かれています。私は、もっと秋葉《あきは》原《ばら》の魅力を生かすために地域で話し合いが必要だと思っており、千代田《ちよだ》区の公聴会でも陳述《ちんじゅつ》しました。

さて、この計画は都市再開発法による第一種市街地再開発事業として行われます。同法による再開発事業は、三分の二以上の土地の権利者が同意すると再開発組合の設立が認可され、そうすると反対していても事業に組み入れられます。新しいビルを建てるために、自己の所有権は失われ、建物を所有していてもこれを取り壊し立ち退《の》かざるをえず、再開発ビルの区分所有権と土地の共有持分[2]を割り当てられることになります。自己の所有権が失われて建物が取り壊されるのですから、憲法二九条一項の財産権の保障との関係が問題になります。その再開発事業が「公共の福祉」に適合したものかどうかが問われるのです。財産権を大きく制約する再開発事業には高い公共性が求められます。

秋葉原《あきはばら》の再開発計画は、権利者の三分の二以上の同意をまだ得られていません（本書執筆二〇二四年一二月時点）。三分の二以上になれば再開発事業は可能ですが、反対や慎重の意見が根強ければ、将来のまちの在り方にもマイナスの影響があります。この地域をより良くしたいという点では、賛成・反対どちらの立場の人も一致するはずです。やはり、このまま突き進むのではなく、より魅力的な秋葉原《あきはばら》にしていくための話し合いが必要です。一度失われれば、二度と戻らないものは多いのです。

② 失われる路地空間——月島《つきしま》の再開発

中央区《ちゅうおう》月島《つきしま》でも都市再開発法による再開発事業が行われています。月島《つきしま》は、一八九二年に埋め立てできた人工島です。碁盤《ごばん》の目のように路地があり、この路地空間を生かして住民たちが自発的にまちをつくりあげ、地域社会を形成してきました。

路地に並ぶ長屋には、路地コミュニティのにおいを感じます。路地は生活の場所としての空間であり、朝は家の前の掃除をしながら近所の人と挨拶をかわし、植木に水をやりながら情報交換をする場所、急な夕立の時にはご近所さんが洗濯物を入れるようにと声をかけてくれたり、またある時には植木を株分けしてもらったり、種をあげたり、そんな近隣とのつながりがある場所です。（愛する月島を守る会ホームページ）

月島《つきしま》三丁目南地区では再開発事業が進み、地域内に住んでいた人たちの生活環境は壊され、もう二度と戻ることはありません。都市再開発法が適用された地域では、すべての建物が取り壊され、街並みはなくなり、コミュニティを維持することもできません。住んでいた人は立ち退きを余儀なくされ、居住する自由（憲法二二条一項）がなくなります。再開発ビルに入居しても生活環境は大きく変わってしまいます。地域の人たちと築き上げてきたコミュニティの中で生活する自由は、生きるための土台であり、自分らしく生きるという意味で**人格**

権（一三条）に根ざすものといえます。都市再開発法による再開発事業は、財産権のみならず、居住の自由、さらには人格権をも制約するものなのです。このような制約が許されるのは、公共の福祉に適合するとき、すなわち高い公共性があるときです。全国で進む高層化による再開発事業にも、憲法の視点から考えることが必要なのです。

第8章のポイント

❶憲法の経済的自由は、職業選択の自由、居住・移転の自由、財産権の保障から成り立っている。就職活動・転職は職業選択の自由、引越しや旅行は居住・移転の自由、銀行に預貯金することや家や株式を買うことは財産権の保障があるからできる。憲法が経済的自由を保障していることが私たちの経済活動の土台となっている。

❷職業選択の自由が基本的人権のひとつとして保障されているのは、働くことが生活を維持する基盤であることと社会の中で自己の持つ個性をまっとうすべき場の両面を持っているからだ。個性をまっとうするということは人格権、自己実現、幸福追求につながる。職業選択の自由は経済的自由だが、精神的自由とも深く関

係している。

❸無制限な職業活動は、国民の生命や健康に対する危険を及ぼす場合がある。たとえば、薬の知識がない人が薬を売ったりお金儲《もう》けのためだけに不必要な薬を大量に売りつけることは、生命や健康が脅《おびや》かされる。憲法では職業選択の自由に対して「公共の福祉に反しない限り」という限定が付いている。職業選択の自由に対する規制のひとつに薬剤師や弁護士のような資格制がある。

❹再開発事業では、自己の所有権が失われて建物も取り壊され、街並みはなくなる。憲法二九条一項の財産権が大きく制約される。住んでいた人は立ち退きを余儀なくされ、居住する自由（二二条一項）がなくなる。人格権（一三条）に根ざす地域の人たちと築き上げてきたコミュニティの中で生活する自由も失われる。憲法の視点から考えれば、財産権のみならず、居住の自由、さらには人格権をも制約する再開発には高い公共性が求められる。

1　昭和五〇年四月三〇日最高裁大法廷判決。

2　区分所有権はマンションなど一様の建物が構造上区分されている建物の、区分されている部分の所有権をいう。また、一つの不動産を複数名で所有している場合の、それぞれの持つ所有権割合を共有持分という。再開発事業では対象地区の土地を一つにまとめて共有として、その土地上に高層ビルを建築し、建物は区分所有とすることが多く行われている。

第9章

人身の自由

――適正手続の意義

1 国家・警察の必要性と危険性

(1) 奴隷《どれい》的拘束からの自由

本章では「人身の自由」について考えます。「人身の自由」とは、不法な逮捕、監禁、拷問《ごうもん》をされず、恣意《しい》的な刑罰を受けない身体的な自由を意味します。

日本国憲法では**一八条**で、

> 何人も、いかなる奴隷《どれい》的拘束も受けない。又、犯罪に因《よ》る処罰の場合を除いては、その意に反する苦役《くえき》に服せられない。

と奴隷《どれい》的拘束からの自由を定め、三一条以下で適正な手続によらなければ身体の自由が奪われないことを詳細に規定しています。身体の自由の保障がなければ、基本的人権をまっとうすることは困難です。「人身の自由」は人権保障の土台となるものです。

(2) なぜ国家・警察が必要なのか

なぜ警察が必要なのか、考えたことはあるでしょうか。「人身の自由」の保障は、国家・警察の存在意義と深く関連しています。本章の最初の質問です。

Q 質問

「警察」はどうして必要なのでしょうか。

警察が必要なのは悪者から市民を守るため、泥棒を捕まえるためなどすぐにいくつも理由があげられます。そのほかに交通安全を守る役割もあります。これらの役割を果たすために、警察官には拳銃《けんじゅう》の所持が認められ、犯罪の捜査を行い、被疑者を逮捕する権限もあります。

警察法二条第一項では、**「警察は、個人の生命、身体及《およ》び財産の保護に任じ、犯罪の予防、鎮圧《ちんあつ》及《およ》び捜査、被疑者の逮捕、交通の取締その他公共の安全と秩序の維持に当ることをもつてその責務とする。」**とし、**「個人の生命、身体及《およ》び財産の保護」**のために犯罪の予防や捜査など公共の安全と秩序の維持にあたると規定されています。

さらに二項では**「警察の活動は、厳格に前項の責務の範囲に限られるべきものであつて、その責務の遂行に当つては、不偏不党且《ふへんふとうか》つ公平中正を旨《むね》とし、いやしくも日本国憲法の保障**

する個人の権利及《およ》び自由の干渉にわたる等その権限を濫用《らんよう》することがあつてはならない。」
と、警察の責務の遂行にあたって、憲法の保障する個人の権利及《およ》び自由を脅《おびや》かす権限の濫用《らんよう》は許されない旨《むね》が定められています。

(3) なぜ国家が必要か

次は少し抽象《ちゅうしょう》的に「国家」について考えます。日本では交番制度があり、警察は比較的身近な存在です。しかし、日常生活で「国家」を意識することは多くありません。オリンピックやワールドカップなどスポーツの世界から見た方が「国家」は感じやすいかもしれません。地理的にみると、国と国の間には国境があり、地球は国家で分けられています。南極は特定の国家の領土ではありませんが、国家同士が南極条約を取り交わして、領土権を主張せずに平和利用すると決めています。ではそもそもなぜ「国家」が必要なのでしょうか。

Q 質問

「国家」はどうして必要なのでしょうか。

この問いに正面から答えた人として、一七世紀に活躍したイギリスの思想家ジョン・ロックがあげられます。ジョン・ロックは『市民政府論』で、人は生まれながらにして生命・自由・財産を守る権利があり、国家の成立は、この人権を守るための人々の合意（社会契約）に基づくとの考え方をとなえ、トマス・ホッブスやジャン＝ジャック・ルソーとともに社会契約思想を発展させました。この社会契約思想は、アメリカ独立宣言、フランス革命を支える理念となりました。日本国憲法にも大きな影響を与えています。

国家の役割は、個人の生命、自由、財産を守ることです。それらを脅《おびや》かす悪者を取り締まる組織を国家が作り、運営する必要があります。その組織が警察です。警察は、暴力や犯罪から生命、身体、財産を守るという国家の役割の中核を担っています。警察機能を持たない国家というのは存在しないと言ってよいでしょう。

しかし、時に巨大な力を持った組織は暴走します。国家の機能の中核である警察が本来の役割を果たし、暴走しないための歯止めが憲法の保障する「人身の自由」です。この緊張関係の中で憲法の存在理由を考えることが大切です。

2 国家・警察が暴走するとき

(1) 日本人ジャーナリストの身体拘束

個人の人権を守るために警察には強力な権限が与えられています。たとえば、被疑者を逮捕、勾留《こうりゅう》すること、つまり個人の身体的な自由を奪うことができるのです。この強力な権限が暴走するとどうなるのか。

二〇二一年二月、ミャンマーで軍事クーデターが起こりました。ミャンマー国軍は一年間の「非常事態宣言」を発令し、立法・行政・司法の責任は国軍総司令官に委譲《いじょう》されたと発表しました。国軍は、アウン・サン・スー・チー国家顧問や大統領ら、複数の民主派政権幹部の身柄を拘束しました。アウン・サン・スー・チー氏は一九九一年にノーベル平和賞を受賞した女性です。この「非常事態宣言」はミャンマー連邦共和国憲法四一七条の緊急事態条項に基づくものです。

国軍や警察は、軍事クーデターに反対するミャンマー市民やジャーナリストを次々と捕らえて刑務所に入れました。その中でミャンマー在住の日本人のジャーナリスト・北角裕樹《きたずみゆうき》さんも身柄を拘束されました。北角《きたずみ》さんは軍事クーデターに抵抗する市民の姿を世界に伝えていました。実は北角《きたずみ》さんは私の大学時代の友人です。本当に驚きました。この身柄拘束に対して、私も所属している日本ペンクラブ[2]は、ミャンマーにおける表現の自由を求め、日本のジャーナリストの即時釈放《しゃくほう》を求める声明を国際ペンクラブと共同で出しました。約一カ月後彼は釈放され、帰国しましたが、国軍と警察は秩序の維持のために、その後も抵抗する市民、ジャーナリストへの弾圧を続けています。

国民を守るはずの軍と警察が、自分たちに反対する国民の身柄を拘束しているのです。「人身の自由」が奪われてしまう状況が、ある朝突然生じました。別世界のことではなく、飛行機でわずか数時間の東南アジアの国で起きている現実です。

(2) 小林多喜二《こばやしたきじ》の死

小林多喜二《こばやしたきじ》は一九〇三年生まれ、日本のプロレタリア文学の代表的な小説家です。プロレタリア文学とは、個人主義的な文学を否定し、社会主義思想や共産主義思想と結びついた文学で、一九二〇から三〇年代前半にかけて流行しました。戦前の日本文学の潮流の一つです。小林多喜二《こばやしたきじ》の代表作の『蟹工船』[3]は、出稼ぎ労働者達が蟹《かに》缶の加工を行う船・蟹《かに》工船で、劣悪《れつあく》な環境と低賃金に疑問を抱いた若者が労働者たちを蜂起《ほうき》させ、非道な監督に立ち向かう、という物語です。戦前の作品ですが、時代を超えて二〇〇〇年代に注目され、映画化されています。

一九三三年二月、小林多喜二《こばやしたきじ》は特別高等警察（特高警察）により逮捕され、築地《つきじ》署で取り調べを受けます。戦前の日本では、社会主義運動、労働運動、農民運動などの左翼の政治運動や、右翼の国家主義運動などを取り締まるため特高警察が組織されました。特高警察は、被疑者の自白を引き出すために暴力をともなう過酷な尋問《じんもん》、拷問《ごうもん》を加えたとされています。

翌日、警察当局は「心臓麻痺《まひ》」により小林多喜二《こばやしたきじ》が死亡したと発表。しかし、遺族に返された遺体は、全身が拷問《ごうもん》によって異常に腫《は》れ上がり、特に下半身は内出血によりどす黒く腫《は》れ上がっていました。その遺体は当時の新聞にも掲載されました。享年《きょうねん》二九歳。

憲法三六条は、

> 公務員による拷問《ごうもん》及《およ》び残虐《ざんぎゃく》な刑罰は、絶対にこれを禁ずる。

と強く規定しています。日本国憲法に「人身の自由」の詳細な規定が置かれているのは、特高警察をはじめとした戦前の過酷な人身の自由の侵害を負の歴史として、これを繰り返さないための決意の表明といえます。

(3) 拷問《ごうもん》と自白

なぜ拷問《ごうもん》をするのか。それは自白をさせるためです。自白とは、自ら罪を犯したことを認めることです。「自白は証拠の女王である」という言葉があります。自分が有罪だと認めることはもっとも強力な証拠だという意味です。しかし、そこには危険があります。

拷問《ごうもん》と自白の関係について、「魔女狩りの論理」と呼ばれるものがあります。中世ヨーロッパでは魔女狩りが行われていました。魔女狩りでは、「魔女」とされる人を捕まえて拷問《ごうもん》し、「私は魔女です」と自白すると、自分で認めたのだから魔女であるとして火あぶりで処刑します。自白しない場合はどうなるか。これだけの拷問《ごうもん》でも自白しないのは魔女だからだとして処刑されます。初めから「魔女」と決めて拷問《ごうもん》するため、自白をしてもしなくても処刑はされるのです。拷問《ごうもん》の辛さに耐えられずに、嘘の自白をすることもあります。

もちろん、拷問《ごうもん》が辛くて真犯人が犯罪を認めることもあるかもしれません。しかし、それと同じように嘘の自白で罪を認める人もいるのです。ここに無実の人が間違えて有罪とされる冤罪《えんざい》が生み出される危険性が象徴的に現れています。袴田《はかまた》事件[4]は長く冤罪《えんざい》だと争われてきた事件ですが、その捜査過程では過酷な取り調べと「自白」がありました。しかし、やり直しの裁判である再審では自白と客観的証拠の矛盾が指摘され、無罪が確定しました。

自白は強力な証拠だからこそ、慎重に取り扱う必要があります。**憲法三八条一項**は、**「何人も、自己に不利益な供述《きょうじゅつ》を強要されない。」**と定めています。これは黙秘権[5]の根拠となる規定です。また、**同条二項**は**「強制、拷問《ごうもん》若《も》**

しくは脅迫《きょうはく》による自白又《また》は不当に長く抑留《よくりゅう》若《も》しくは拘禁《こうきん》された後の自白は、これを証拠とすることができない。」として拷問《ごうもん》等による自白は証拠にできないと明示しています。また、**同条三項**は**「何人も、自己に不利益な唯一の証拠が本人の自白である場合には、有罪とされ、又《また》は刑罰を科せられない。」**と自白だけで有罪にすることはできない旨《むね》を規定しています。

これらはいずれも拷問《ごうもん》による自白を防ぐための規定です。

3 日本国憲法の定める適正手続

(1) 適正手続・裁判を受ける権利

戦前の特別警察による拷問《ごうもん》などの苛烈《かれつ》な人権侵害を繰り返すことがないように、日本国憲法では「人身の自由」に関して諸外国の憲法と比べて詳細に規定しています。

憲法三一条は、

> 何人も、法律の定める手続によらなければ、その生命若《も》しくは自由を奪はれ、又《また》はその他の刑罰を科せられない。

と規定しています。これは法律による適正手続を定めた人身の自由に関する基本原則です。適性な手続とは、捜査や裁判でも人権が保障されていることを意味します。

三二条では、恣意《しい》的に刑罰を科されることがないように「**何人も、裁判所において裁判を受ける権利を奪はれない。**」と「裁判を受ける権利」を保障しています。**三七条一項**は「**すべて刑事事件においては、被告人は、公平な裁判所の迅速《じんそく》な公開裁判を受ける権利を有する。**」として、特に刑事裁判で公平で迅速《じんそく》な公開裁判を受ける権利を明記しています。たとえば、非公開の秘密裁判や裁判官が偏《かたよ》っていては適正に刑罰が科されないおそれがあります。また迅速《じんそく》に裁判が行われず、何十年も身柄拘束されていれば、裁判を受ける権利が実質的に損なわれることになります。

実行時に適法であった行為で有罪とされないこと（後から法律を変えて恣意《しい》的に刑罰を科すことを防ぐ意味があります）一度無罪になった事件で刑事責任を問われないこと、同一の犯罪について重ねて刑事責任を問われないことを定めた**三九条**「**何人も、実行の時に適法であつた行為又《また》は既に無罪とされた行為については、刑事上の責任を問はれない。又、同一の犯罪について、重ねて刑事上の責任を問はれない。**」は恣意《しい》的な刑罰権行使を抑止するための規定です。

(2) 令状主義

憲法は、捜査段階での人権保障を定めています。**憲法三三条**は**「何人も、現行犯として逮捕される場合を除いては、権限を有する司法官憲が発し、且《か》つ理由となつてゐる犯罪を明示する令状によらなければ、逮捕されない。」**と逮捕には原則として司法機関（裁判所）の令状が必要だと規定しています。令状に裁判所が関与することで、捜査機関の巨大な権限が暴走しないよう三権分立の観点からもチェックするようになっています。

住居内への捜索、証拠品の差し押さえにも令状が必要だと定めています（**三五条一項「何人も、その住居、書類及《およ》び所持品について、侵入、捜索及《およ》び押収《おうしゅう》を受けることのない権利は、第三十三条の場合を除いては、正当な理由に基いて発せられ、且《か》つ捜索する場所及《およ》び押収《おうしゅう》する物を明示する令状がなければ、侵《おか》されない。」**および**二項「捜索又《また》は押収《おうしゅう》は、権限を有する司法官憲が発する各別の令状により、これを行ふ。」**）。これらは強制力を有する捜査ですので、裁判所が令状を発することを条件として、恣意《しい》的な権限の行使を抑止することが求められています。

(3) 弁護人依頼権

身体的な自由を制約する場合、**憲法三四条「何人も、理由を直《ただ》ちに告げられ、且《か》つ、直《ただ》ち**

に弁護人に依頼する権利を与へられなければ、抑留《よくりゅう》又《また》は拘禁《こうきん》されない。又《また》、何人も、正当な理由がなければ、拘禁《こうきん》されず、要求があれば、その理由は、直《ただ》ちに本人及《およ》びその弁護人の出席する公開の法廷で示されなければならない。」と被疑者には弁護人を依頼する権利が与えられています。さらに起訴されて刑事裁判の被告人になった場合にも弁護人依頼権があり、経済的に苦しい人に対しては国の費用で弁護人が付けられます（**三七条三項「刑事被告人は、いかなる場合にも、資格を有する弁護人を依頼することができる。被告人が自らこれを依頼することができないときは、国でこれを附する。」**）。

弁護人依頼権は、捜査段階から刑事裁判を通して、専門的な知見を持つ弁護人を付けることで十分な防御ができるようにし、実質的に被疑者、被告人の権利を保障するためのものです。憲法は刑事裁判で弁護にあたる役割を「弁護人」としています。弁護人は原則として「弁護士」が選任されますが、用語の違いがあります。ちなみに憲法で一カ所だけ「弁護士」という言葉が出てきます（七七条）。憲法に登場する民間の唯一の職業が「弁護士」です。

それでは、ここで質問です。ある朝、突然自宅に警察官が来て、全く身に覚えのない罪で逮捕しますと言われたら、あなたはどうしますか。

Q 質問

ある朝突然警察官が来て、身に覚えのない罪で逮捕しますと言われたらどうしますか。

あなたの「人身の自由」を守るために必要なことは何でしょうか。まず大事なことは逮捕令状を見せてくださいと言うことです。先ほど述べた令状主義です。逮捕状には何の罪の疑いで逮捕するのか書いてあります。次に大切なのは弁護人を依頼したいから弁護士を呼んでくださいと言うことです。警察は、逮捕直後に弁護士と面会できるように連絡しなければなりません。黙秘権も保障されていますから、言いたくないことを言う必要はありません。無実の罪であれば、弁護士と早く相談して、しっかりと対応する必要があります。

「人身の自由」は憲法の人権保障の土台となる権利です。自由と安全を守る憲法のもっとも基礎の部分です。もし万が一、自分の身の回りで人身の自由が脅《おびや》かされそうになったら、いち早く弁護士に連絡することを思い出してください。

第9章のポイント

❶ 近代国家を支える社会契約思想は、個人の生命、自由、財産を守ることが国家の役割だとする。そのために国家には警察組織があり、警察のない国家というのは存在しないといえる。国家の機能の中核である警察が本来の役割を果たし、暴走しないための歯止めが憲法の保障する「人身の自由」である。

❷ 日本国憲法は、戦前の反省に立ち、奴隷《どれい》的拘束からの自由をうたい（憲法一八条）、人身の自由を制約する場合の適正手続を三一条から三九条で詳細に定めている。

❸ 国家や警察という強い権限を有する巨大な組織に対峙《たいじ》し、実質的に人権を守るために弁護人の役割は大きい。もし身に覚えのない犯罪の嫌疑をかけられたら、すぐに弁護士に連絡し、弁護人になることを依頼することが重要。経済的に苦しい場合には国が費用を負担して弁護人を選任することも憲法で定められている。

1 現在は光文社古典新訳文庫（角田安正訳、二〇一一）等で読むことができる。
2 日本ペンクラブ…言論・表現・出版の自由の擁護、文学の振興と文化の国際交流、世界平和への寄与を目的とした団体として一九三五年設立。歴代会長に島崎藤村、川端康成、遠藤周作、井上やすしらがいる。https://japanpen.or.jp/

3　現在は新潮文庫（『蟹工船・党生活者』、一九五三）等で読むことができる。

4　袴田事件…一九六六年に静岡県で起きた強盗殺人、放火事件。犯人として逮捕・起訴され死刑判決を受けた袴田巖氏はその後も無罪を訴え続け、五八年後の二〇二四年ようやく再審無罪判決を勝ち取った。証拠のひとつとされた自白の背景には警察、検察による過酷な取り調べがあった。

5　黙秘権…裁判で「被告人は話したくないことは話さなくてもよい」という権利。

第10章

教育と労働

――より良く豊かに生きるために

1　弱肉強食の自由から社会権へ

(1) ドストエフスキーが見た近代

みなさんは、お金がなくて不自由だと感じたことはあるでしょうか。この章では〝お金の問題〟から始めます。

Q 質問

お金がなくて不自由だと感じたことがありますか？

大学の講義で質問すると、好きな服が買えない、おいしいものが食べられない、旅行に行くことができないなどの答えが学生たちから聞こえてきます。アルバイトで稼ぐために時間がないという人もいます。社会の中にはもっと深刻で、そもそも学費が出せずに進学を諦めた人、奨学金の返済に困っている人、子どもたちにお腹いっぱいご飯を食べさせることが難しい人もいます。お金がないと不自由になるというのは、今日の日本だけの問題ではありません。

産業革命後の一九世紀の世界に目を向けたいと思います。ロシアの作家ドストエフスキーの代表作『罪と罰』が書かれたのは一八六六年です。この小説の主人公ラスコーリニコフは鋭敏《えいびん》な頭脳を持つ貧しい大学生です。彼はナポレオンは大勢の人間を殺して英雄になったのだから、ひとつの微細な罪悪は百の善行に償《つぐな》われるという理論（ナポレオン理論）を考え、その思想に基づいて強欲非道な高利貸の老婆《ろうば》を殺害し、その財産を有効に転用しようと企《くわだ》てます。そして、老婆《ろうば》と偶然その場に来てしまった老婆《ろうば》の妹を殺してしまいます。ラスコーリニコフは、貧困の中で娼婦《しょうふ》として家族を養うソーニャと出会い、自分の犯した罪をめぐるドラマが展開します。

『罪と罰』が発表される三年前、ドストエフスキーは初めてロンドン、パリを訪れて感じことを『夏象冬記[1]』という手記にしています。当時日本は江戸時代の終わり頃、いわゆる「幕末」の時代です。日本やロシアからみると近代化が進んだ「先進国」がイギリスやフランスで、その中心がロンドン、パリでした。「自由は他人を害しないすべてをなし得ること」とうたったフランスの人権宣言は一七八九年。その時から七〇年余が過ぎたパリの近代的な繁栄をドストエフスキーはどのように見たのでしょうか。

一九世紀のパリの「自由」について、ドストエフスキーは**「誰もが法律の枠内で好き勝手なことをするという、万人に同一の自由である。好き勝手なことができるのはいかなる時か？ 百万フランを持っている時である。自由は各人に百万フランを与えてくれるか？ 否である。百万フランを持たぬ人間とは何か？ 百万フランを持たぬ人間とは、好き勝手なことをする人間ではなく、好き勝手なことをされる人間である」**と厳しい目を向けます。金持ちだけが謳歌《おうか》できる「百万フランの自由」だと断じているのです。これは別の表現をすれば「弱肉強食の自由」です。

ドストエフスキーは当時のロンドンを**「海のようにはてしない町、機械の歯ぎしりと怒号、家々の上を走る（そして、間もなく、その下をも走るであろう）鉄道、（中略）半裸の野蛮な、飢えた住民の集まるホワイトチャペルのような恐ろしい都会の片隅、全世界の商業を支配するシティ、万国博覧会……いかにも、博覧会は驚嘆すべきものである。諸君は世界中からやってきたこれら無数の人間をここで一つの群れに統一した恐ろしい力を感じるだろう」**と描写します。

一九世紀ヨーロッパのむき出しの資本主義の光景です。富める者はより豊かになり、貧しき者はより貧しくなる弱肉強食の世界なのです。ドストエフスキーはこの光景を「バール神」という邪神《じゃしん》にたとえ、**「現に目の前にあるものを己が理想として受け入れてしまわないようにするためには、幾世紀にわたるおびただしい精神的抵抗と否定が必要とされる」**と記します。この一文に触れたのは大学時代に学んだ芦川進一《あしかわしんいち》先生[2]の「ドストエフスキー研究会」でした。その後、私は憲法や法律を学んで来ましたが、これほどまでに世界の矛盾を抉《えぐ》り出し、それに向き合う見事な言葉はないと思っています。

弱肉強食の自由に対して、先人たちが「精神的抵抗と否定」を試み、獲得したひとつの成果が社会権です。

(2)「国家からの自由」「国家による自由」

社会権は、二〇世紀になって社会的・経済的弱者を保護し、実質的平等を実現するために認められてきた人権です。人間に値する生活を営むことを国家が保障する性質を持ちます。そのため自由権の「国家からの自由」と対比して、社会権は「国家による自由」といわれることもあります。

世界の憲法の歴史をみると、社会権は一九一九年のワイマール憲法から始まり、第二次世界大戦後に広まりました。自由権は古典的な人権、社会権は現代的な人権と分類されること

もあります。
日本国憲法も生存権（二五条）、教育を受ける権利（二六条）、勤労の権利（二七条）、労働基本権（二八条）という社会権を保障しています。

(3)日本国憲法の社会権

①生存権

憲法二五条一項は、

> すべて国民は、健康で文化的な最低限度の生活を営む権利を有する。

として「生存権」を保障しています。これは社会権の中で原則的な規定で、だれもが人間的な生活を送る権利があると宣言したものです。

そして、その実現のために国が努力する義務があると**二項**で「**国は、すべての生活部面について、社会福祉、社会保障及《およ》び公衆衛生の向上及《およ》び増進に努めなければならない。**」と定めています。生存権を具体的に保障するための法律として、生活保護法、児童福祉法、老人福祉法、食品衛生法、環境基本法などが制定され、社会保障制度、公衆衛生制度が設けられています。

② 教育を受ける権利

憲法二六条は、

> すべて国民は、法律の定めるところにより、その能力に応じて、ひとしく教育を受ける権利を有する。

と定めています。教育は、一人ひとりが人格を形成し、社会と関わり生活する上で不可欠のものです。**二項**では「**すべて国民は、法律の定めるところにより、その保護する子女に普通教育を受けさせる義務を負ふ。義務教育は、これを無償とする。**」として義務教育の無償化が定められています。これは教育を受ける権利が経済的状況によって損なわれないようにする意義があります。

「義務教育」とは、親ないし親権者は子どもに教育を受けさせる義務があるという意味です。子どもはこの憲法二六条で「教育を受ける権利」を保障されているのです。

③労働に関する権利

一九世紀のむき出しの資本主義のもとでは、ドストエフスキーが「半裸の野蛮な、飢《う》えた住民の集まるホワイトチャペルのような恐ろしい都会の片隅」とロンドンの一場面を記したように、労働者は劣悪《れつあく》な労働条件や失業のために厳しい生活を強いられていました。ホワイトチャペルはロンドンの東部地域で、当時は貧しい労働者の居住地でした。

労働者に人間に値する生活を実現するため、**日本国憲法**は**二七条**で、

> すべて国民は、勤労の権利を有し、義務を負ふ。

と勤労の権利を保障し、**同条二項**の「**賃金、就業時間、休息その他の勤労条件に関する基**

準は、法律でこれを定める。」ことで労働環境を整備することを規定しています。そして二八条では、**「勤労者の団結する権利及《およ》び団体交渉その他の団体行動をする権利は、これを保障する。」**として団結権、団体交渉権、団体行動権（争議権）を労働基本権として保障しています。団結権とは、労働者が団結して労働組合を組織する権利で、団体交渉権は、労働者の団体が使用者と労働条件について交渉する権利です。団体行動権（争議権）は、労働者の団体が労働条件の実現のためデモやストライキなどの団体行動する権利です。これらは使用者と労働者の関係を対等にするために必要な権利と考えられています。

小林多喜二《こばやしたきじ》（第9章も参照）が『蟹工船』で労働者の過酷な現実と団結して立ち上がる姿を描いたのは戦前です。当時は、憲法で労働基本権は保障されておらず、むしろ社会秩序を乱す危険思想として取り締まりの対象でした。小林多喜二は『蟹工船』を書いた後、特高警察の拷問《ごうもん》を受けて若くして命を落としました。彼も弱肉強食の自由に対して精神的抵抗と否定を試みた先人の一人と言えるでしょう。

2 過酷な労働環境と過労死・自殺

(1)ブラック企業・ブラックバイト

社会権は憲法で保障されていますが、実際には多くの問題があります。たとえば、労働者を劣悪《れつあく》な環境のもとで働かせる「ブラック企業」です。長時間労働や残業代未払いなど労働基準法等に違反しているケースもあります。法律があっても守られていない現実があるのです。

また、「ブラックバイト」という言葉もあります。アルバイトの労働問題です。今野晴貴《こんのはるき》氏の『ブラックバイト 学生が危ない』(岩波新書、二〇一六)では、飲食店のアルバイトを休ませてくれず、大学の単位を落として退学したという事例も紹介されています。アルバイトという弱い立場につけ込まれ、パワハラ、セクハラ、最低賃金違反など酷《ひど》い労働環境に追い詰められるケースもあります。

(2)電通《でんつう》新入社員の過労死事件

国内最大の広告代理店の電通《でんつう》で、新入社員の女性が過労死する痛ましい事件が起きました。

彼女はインターネットの広告を担当する部署に配属され、試用期間が終わり、社員として正式に採用されました。正式採用された後、仕事の量が急に増えたといいます。彼女はSNSで「誰もが朝の4時退勤とか徹夜とかしてる中で新入社員が眠いとか疲れたとか言えない雰囲気」「土日も出勤しなければならないことがまた決定し、本気で死んでしまいたい」などと自分の過酷な職場環境について書いていました。上司から「君の残業時間の20時間は会社にとって無駄」「髪ボサボサ、目が充血したまま出勤するな」「今の業務量で辛いのはキャパがなさ過ぎる」と言われたとも書き込んでいます。一二月に入ると「目も死ぬし心も死ぬし、なんなら死んだ方がよっぽど幸福なんじゃないかとさえ思って」などと記し、一二月二五日、彼女は住んでいた社員寮から飛び降りて命を絶ちました。[3] 労働基準監督署は長時間労働によりうつ病を発症したのが自殺の原因と判断しました。

労働基準法に違反する長時間労働であり、上司の発言はパワハラ、セクハラとして許されるものではありません。過酷な労働環境を強いられて声を上げられない人がいない社会をめざさなければならないと思います。

(3) 自殺は社会の問題

全国で自殺によって亡くなった人は二万人を越えています（二〇二三年）[4]。自殺の原因、動機は健康問題、経済・生活問題など多様で、複数の要因が組み合わさることもあります。

自殺は個人ではなく社会の問題です。困難に直面した人が自殺に向かわない対策が行き届く社会になっているか問われています。厚生労働省では「支援情報検索サイト 相談窓口等のご紹介」[5]というサイトを設けています。LINEでの相談窓口「生きづらびっと」もあります。二四時間・通話無料で電話相談できる窓口としては「よりそいホットライン」[6]があります。これらは一例ですが、困難の中にいる人が助けを求められる場をつくっていくことは、「すべて国民は、健康で文化的な最低限度の生活を営む権利を有する」という生存権を実質的に保障するために必要なことです。

(4) 一人ひとりの個人が尊重される社会へ

健康で文化的な最低限度の生活が保障されること、過酷な労働環境をなくすこと、パワハラ、セクハラなどあらゆるハラスメントを根絶すること。これらの鍵は憲法一三条の掲げる「個人の尊重」です。だれもがどの立場であっても一人の尊厳ある人間として扱われるか。このことが問われています。

第10章のポイント

❶産業革命後の一九世紀は、富める者はより豊かになり、貧しき者はより貧しくなる弱肉強食の世界だった。弱肉強食の自由に対して、先人たちが「精神的抵抗と否定」を試み、獲得したひとつの成果が社会権である。

❷社会権は二〇世紀になって社会的・経済的弱者を保護し、実質的平等を実現するために認められてきた人権である。自由権の「国家からの自由」と対比して、社会権は「国家による自由」と言われる。憲法は生存権（二五条）、教育を受ける権利（二六条）、勤労の権利（二七条）、労働基本権（二八条）という社会権を保障している。

❸社会権は憲法で保障されているが、ブラック企業や過労死など現実には多くの問題がある。困難の中にいる人が助けを求められる場をつくっていくことが、「すべて国民は、健康で文化的な最低限度の生活を営む権利を有する」（憲法二五条）という生存権を実質的に保障するために必要である。そのための鍵は「個人の尊重」（一三条）である。だれもがどの立場であっても、一人の尊厳ある人間として尊重されなければならない。

1 フョードル・ドストエフスキー、小泉猛ほか訳「冬に記す夏の印象」『決定版 ドストエフスキー全集6 地下室の手記／賭博者』（新潮社、一九七八）。

2 芦川進一先生…専門はドストエフスキーにおけるキリスト教思想。河合塾で英語科を担当するとともに河合文化教育研究所で「ドストエフスキー研究会」を主宰。そこで私は大学四年間学び、現在も『カラマーゾフの兄弟』の講読で指導いただいている恩師。ドストエフスキー研究会は https://dosken.com/

3 ＮＨＫ「過労死考えるシンポジウム 電通元社員の母親が講演」二〇一六年一一月九日。

4 厚生労働省『令和5年版 自殺対策白書』。

5 http://shienjoho.go.jp/

6 災害で被災した人、一〇代・二〇代の女性、外国語での相談など、自殺防止のホットラインのほかさまざまな相談窓口を設けている。よりそいホットライン…（フリーダイヤル）０１２０-２７９-３３８、岩手・宮城・福島からは０１２０-２７９-２２６ https://www.since2011.net/yorisoi/

第11章

国会と内閣

——法律の作り方と使い方

1 国会

(1) 三権分立

憲法は、基本的人権を保障するために、どのように国を治めていくのかを定めています。これを統治機構ということもあります。具体的には国会・内閣・裁判所について定めを置いています。

国会は立法、内閣は行政、裁判所は司法を担います。立法・行政・司法の三権が互いにチェックし、バランスをとることで権力の集中を防ぐことを三権分立と言います。日本国憲法には「三権分立」という言葉は直接使われていませんが、この三権分立の考え方に基づいて統治機構が定められています。

立法とは法律を作ることです。行政とはその法律を使い、国家の運営を行うことです。司法は、作られた法律が憲法に違反していないか、行政の法律の使い方が間違えていないかをチェックする役割を担います。

この章では「三権」のうち国会（立法）と内閣（行政）について考えていきます。

(2)国権の最高機関

日本国憲法は、**四一条**で国会について、

> 国会は、国権の最高機関であつて、国の唯一の立法機関である。

としています。内閣総理大臣であっても法律を作ることはできません。行政は国会が作った法律を使って、国を運営します。これは行政が法律に従って行われることを意味します。法律を作る立法機関である国会が「国権の最高機関」と位置づけられるのです。

国会は衆議院と参議院からなります（**四二条「国会は、衆議院及《およ》び参議院の両議院でこれを構成する。」**）。国会議員は、衆議院議員と参議院議員の両方を含む言葉です。それでは、ここで質問です。

Q

質問

日本の国会議員の、衆議院と参議院の定数について、正しいのはどれですか。

① 衆議院一五五名・参議院一八五名
② 衆議院三〇〇名・参議院三〇〇名
③ 衆議院四六五名・参議院二四八名
④ 衆議院五一五名・参議院三五三名

正解は③です。衆議院四六五名、参議院二四八名と合わせて七一三名の国会議員がいます。国会議員は憲法**四三条一項**に**「両議院は、全国民を代表する選挙された議員でこれを組織する。」**とある通り、選挙された**「全国民の代表」**と定義されています。所属する政党の代表や選出された選挙区の代表ではないのです。党利党略や地域の利益代表ではないという意味ですが、現実はどうでしょうか。本当に国会議員が「全国民の代表」として行動しているか、私たちは主権者として常に厳しい目で見なければなりません。

さらに質問です。あなたは七〇〇名以上いる国会議員のうち、どのくらいの国会議員を知っているでしょうか。

Q 質問

あなたの知っている国会議員の名前を書いてください。

歴代の内閣総理大臣、各党の党首など報道で名前が出る人、あるいは地元の選挙区から出ている人など、限られてしまうのではないでしょうか。悪い方向では金銭問題などのスキャンダルで名を知られている議員もいるかもしれません。私自身も名前を知らない国会議員がたくさんいます。名前を知れば良いというわけではないですが、「全国民の代表」なのですから、それぞれの分野で活躍し、情報を発信してほしいと思いますし、私たちも主権者として一人ひとりの国会議員の働きにもっと注意を払う必要があるのかもしれません。

そうでないと国会議員は選挙の時にはお願いされるけれど、その後は何をしているかわからない存在になってしまうかもしれません。それでは国権の最高機関で唯一の立法機関である国会を、選挙で選ばれた「全国民の代表」である国会議員が担うという国民主権の理念を看板倒れにしてしまうことになります。

2 内閣

(1) 内閣の仕事

国会の作った法律を執行すること、外交、安全保障、予算の作成と執行などの行政は、内閣が担います。**憲法六五条**は、

> 行政権は、内閣に属する。

と定めています。行政権とは、国家作用（国を治めるために必要なこと）のうち立法権と司法権以外のことと定義されるくらい重要かつ広い範囲に及《およ》びます。

では、この内閣はどのように作られるのでしょうか。内閣総理大臣は、国会議員の中から

国会の議決で指名されます。国会議員でなければ内閣総理大臣になることはできないのです。憲法**六七条一項**は**「内閣総理大臣は、国会議員の中から国会の議決で、これを指名する。この指名は、他のすべての案件に先だつて、これを行ふ。」**としています。

内閣には、外務大臣、財務大臣などの大臣がいます。**憲法六八条一項**では**「内閣総理大臣は、国務大臣を任命する。但《ただ》し、その過半数は、国会議員の中から選ばれなければならない。」**とし、大臣は内閣総理大臣が任命しますが、その過半数は国会議員でなければならないと定められています。逆にいえば、民間人や元国会議員でも過半数を超えなければ大臣に任命することができます。[1]

では、ここで質問です。

Q

質問

日本の歴代内閣で、女性の大臣が最多だった時の人数は何名でしょうか。

①一四名　②一一名　③八名　④五名

二〇〇一年四月発足の小泉純一郎《こいずみじゅんいちろう》内閣、一四年九月発足の第二次安倍晋三《あべしんぞう》内閣、二三年九月発足の岸田文雄《きしだふみお》内閣の時が最多で、それぞれ女性の大臣は五名ですので、正解は④です。大臣の人数は小泉《こいずみ》内閣一八名、安倍《あべ》内閣一九名、岸田《きしだ》内閣二〇名ですから比率でいうとわずかに小泉《こいずみ》内閣の時が一番高いことになります。本書を書いている時点の内閣である、二四年一一月発足の第二次石破茂《いしばしげる》内閣では大臣の人数一九名のうち、女性は二名です。日本ではこれまでに女性が内閣総理大臣になったことはありません。国会議員における女性の割合も低く、政治的な意思決定の場のジェンダー・バランスが悪いことは日本の大きな課題です。

(2) 議院内閣制・国会中心主義

これまでみてきたように、内閣総理大臣は国会議員の中から国会の決議で指名されます。また、**憲法六六条三項**では、

> 内閣は、行政権の行使について、国会に対し連帯して責任を負ふ。

と定められています。「連帯して責任を負う」というのは、内閣と国会が密接不可分な関係にあるということです。たとえば条約の締結や予算の作成は内閣の役割ですが、国会の承

認が必要なしくみになっています。さらに内閣は、衆議院で不信任決議されると、衆議院を解散するか、総辞職しなければなりません（**六九条「内閣は、衆議院で不信任の決議案を可決し、又《また》は信任の決議案を否決したときは、十日以内に衆議院が解散されない限り、総辞職をしなければならない。」**）。このような国会と内閣の関係を議院内閣制と言います。議院内閣制はイギリスで発展してきたものです。これと異なり、アメリカは、行政権を持つ大統領と立法権を有する議会は分離している大統領制です。

日本国憲法が制定された直後に刊行された文部省作成の教科書『民主主義』には、主権者である国民が選挙で選んだ代表者からなる国会が唯一の立法機関、国権の最高機関であること、その国会が国会議員の中から内閣総理大臣を指名することなど、これまでみてきた国会と内閣の関係をまとめて**「国会中心主義の民主政治」**と表現しています。この「国会中心主義」という言葉は、憲法の定めた国会（立法）と内閣（行政）の関係の本質を掴《つか》んでいると思います。

3 法律を作る

(1) 閣法と議員立法

国会は唯一の立法機関です。法律は国会の手だけで作られ、それ以外の国家機関の協力を必要としないということです。また国会以外には、国会から独立して法律を作ることのできる国家機関はないということでもあります。

では、実際に法律はどのように作られているのでしょうか。実務上、内閣が提出した法案が法律になったものを「閣法」と言い、国会議員が提出した法案を「議員立法」ということがあります。内閣が提出するのは、あくまでも法案であり、法律として可決することができるのは国会だけです。もっとも、法案を作る段階で法律の内容は大部分が決まるので、立法においても内閣は重要な役割を担っています。

二〇二三年に国会で成立した法律は八六件のうち七二件が内閣提出法律案、二二年に成立した法律は一〇五件のうち八三件が内閣提出法律案でした。[2] 成立した法律の八割以上が内閣提出法律案です。国会で多数を占める与党は、法案を提出前に与党内で検討し、その意見を

反映しており、国会議員が関与していないわけではありません。野党が提出した法案は国会で野党は少数派のため成立しにくいという面もあり、成立するのは内閣提出法案の比率が高くなっています。しかし、それでも国会は「唯一の立法機関」ですから、与野党問わず、重要な法案は国会議員が十分に理解し、主体的に作成することが重要です。国会議員が議決の数合わせの「コマ」にならないように常に気をつける必要があります。

(2)ロビイング――市民の声を生かして法律を作ること

政策を提言する活動を「ロビイング」と言います。元々はアメリカ議会のロビーで企業の代弁者として議員に働きかける人を「ロビイスト」といっていたそうです。特定の企業が自らの営利のために政治的働きかけをすることも含む言葉ですが、広く市民から国会議員や政府に対して、政策提言し、実現をめざす活動として、近年では特に非営利分野で団体や市民からのロビイングが注目されています。

私は二〇一一年三月に発生した東日本大震災と原発事故の後、弁護士の有志で「福島の子どもたちを守る法律家ネットワーク（SAFLAN）」を立ち上げ、被災者支援に取り組んできました。それまでは原発は事故を起こさないという「安全神話」があったため、原発事故で被災した人を支援する法律はありませんでした。

チェルノブイリ原発事故を起こした旧ソ連には原発事故の被災者を救援するための法律がありました。SAFLANの活動で避難した人たちや被ばくを避けながら生活を続ける人たちの困難な状況を聞き、日本にも被ばくを避ける権利に基づく法律が必要だと思いました。被災した当事者や支援する人たちが声を上げ、二〇一二年二月に避難する人も被災地で生活を続ける人も分断を超えて、それぞれの選択を尊重して国が責任をもって支援する法律の制定を求める集会を行いました。集会には政党を超えて国会議員も参加しました。当時は民主党政権でしたが、この問題に心を寄せる超党派の国会議員が協議を続け、議員立法で同年六月に「原発事故子ども・被災者支援法」が全会一致で成立しました。

この法律では**「被災者一人ひとりが、「支援対象地域」における居住、他の地域への移動および移動前の地域への帰還についての選択を自らの意思によって行うことができるよう、被災者がそのいずれを選択した場合であっても適切に支援するものでなければならない」**（第二条第二項）と明記され、居住する権利、避難する権利、帰還する権利のいずれも保障するもので画期的でした。「子ども（胎児含む）が放射線による健康への影響を受けやすいことを踏まえ、（中略）子ども及《およ》び妊婦に対して特別の配慮がなされなければならない」（同第五項）とも規定しており、健康被害を心配する被災者に歓迎されました。

しかし、この画期的な支援法は骨抜《ほねぬ》きになってしまいました。支援法では、政府が閣議決定する基本方針に基づいて具体策を決めることになっていました。その基本方針は法律成立後一年以上策定されず、放置されていました。策定放置は違法だと被災者が裁判を提起し、それがきっかけになり基本方針が策定されましたが、支援対象地域が狭く、避難者向け施策がほとんどないものでした。国は、東京オリンピックまでに東日本大震災からの復興を果たすとして被害を直視しなかったのだと思います。

当事者と支援者の声で国会議員が協力して法律を作ることができたのには大きな意味がありました。しかし、法律を使うというところでは難しさを感じました。骨抜《ほねぬ》きにされても、それでも法律がある以上、少しでも生かそうと調査や提言を続けています。「白書」とは国が政策を実施する前提となるデータを集めたものですが、国が動かないなら自分たちで作ろうと原発事故避難者の実態を明らかにする『原発事故避難白書』も市民の手で発刊しました。

このロビイングの経験で、市民の力で法律を作ることができる可能性を感じるとともに、大きな壁もあると感じました。

二〇〇九年、小説家の村上春樹《むらかみはるき》さんがエルサレム賞を受賞した時に「もしここに硬い大きな壁があり、そこにぶつかって割れる卵があったとしたら、私は常に卵の側に立ちます」とあいさつしました。イスラエルの持つミサイルや戦車という強力な武器が「硬い大きな壁」であり、それに踏みにじられるパレスチナの人々が「割れる卵」だとして、授賞式に出て、その場でイスラエルを批判するあいさつをしたのです。

日本でも原発政策を推進する国や電力事業者は強力な「硬い大きな壁」で、被災者は生活や健康の不安に直面する弱い存在である「割れる卵」のようだと感じることがたびたびありました。しかし、一人ひとりの力は小さくとも、その力が集まればできることはあります。

不十分かもしませんが、酷《ひど》い現状をそのまま受け入れるのではなく、一歩でも良い方向に進めることはできます。そのためにも、やはり「卵の側」に立ち続けることが大切だと痛感しています。

(3) 主権者として

憲法の掲げる国民主権は、選挙の時に投票するということだけではありません。自分たちが代表として選んだ国会議員に法律を作るように働きかけることも、主権者としての行動のひとつです。また、すでにある法律を生かすように行政に働きかけることも主権者がすべきことです。私たちは、たとえば図書館を利用する、介護保険制度を利用するなど行政サービスを受ける「受益者《じゅえき》」でもありますが、その前にどのような行政サービスが必要かを決める「主権者」です。受け身ではなく、主体的に政治や行政に関わるという意識も大切です。では、ここで主権者であるあなたへの質問です。

Q 質問

あなたが変えるべきだと考えている法律や制度をあげてください。それをどのように変えたほうがよいかを書いてください。

大学生に聞くと、選択的夫婦別姓制度にすべき、同性婚を認めるべき、奨学金を手厚くしてほしいなどの意見が多いです。婚姻《こんいん》制度の変更は民法の改正が必要です。奨学金制度の充実は法律を作らなくてもできることはありますが、奨学金のための基金設立の法律を作るという方法も考えられます。私たちの生活に身近なことでも、意外と法律や制度に影響を受けていることが多くあります。たとえば、水道代や電気代などの光熱費も法律や制度と密接に関係しています。

第11章のポイント

❶ 国会は「唯一の立法機関」である。内閣総理大臣であっても法律を作ることはできない。国会が作った法律に従って、内閣は国を運営する役割を担う。そのため、

唯一の立法機関である国会は「国権の最高機関」と位置づけられている。

❷内閣が有する行政権は、国家作用（国を治めるために必要なこと）のうち立法権と司法権以外のことと定義されるほど重要かつ広い範囲に及《およ》ぶ。具体的には国会の作った法律を執行すること、外交、安全保障、予算の作成と執行などを内閣が担う。

❸主権者である国民が選挙で選んだ代表者からなる国会が唯一の立法機関、国権の最高機関であること、その国会が議員の中から内閣総理大臣を指名すること、内閣は行政権の行使について連帯して責任を負うとされていること、内閣総理大臣は衆議院で不信任決議されると衆議院を解散するか、総辞職しなければならないことなどから日本は議院内閣制であり、国会中心主義の制度を採用している。

❹法律を作ること・使うことは、国会議員だけの役割ではない。私たちは主権者として政策を提言し、国会議員と協力しえ、法律を作ることもできる。原発事故子ども・被災者支援法は、市民の声を生かして議員立法で作られた法律である。不十分であっても、現実を一歩でも良い方向に変えていく力と責任が主権者としての私たちにあるのではないか。

1　小泉内閣で経済財政担当大臣を務めた経済学者の竹中平蔵氏、第一次安倍内閣、福田内閣で総務大臣の増田寛也氏（元岩手県知事）、菅直人内閣で総務大臣を務めた片山善博氏（元鳥取県知事）などの例がある。

2　内閣法制局ウェブサイト「過去の法律案の提出・成立件数一覧」。https://www.clb.go.jp/recent-laws/number/

第12章

司法の独立と裁判員制度

——市民参加の意義

1 司法権の独立

(1) 三権分立と司法の役割

立法・行政・司法の三権が互いにチェックし、バランスをとることで権力の集中を防ぐ三権分立は、権力の暴走によって基本的人権が侵害されないためのしくみです。

三権分立の観点からすると、司法権の独立は、①政治性の強い立法（国会）・行政（内閣）から侵害されず公正な裁判を行うこと、②立法・行政が最高法規である憲法に違反していないかチェックすること、という二つの意味を持っています。最高法規である憲法に立法・行政が違反していないか判断する権限を「違憲審査権」と言います。違憲審査権を持つ司法（裁判所）は、いわば「憲法の番人」です。

(2) 司法権の独立

憲法七六条一項は、

> すべて司法権は、最高裁判所及《およ》び法律の定めるところにより設置する下級裁判所に属

する。

と規定し、司法権が裁判所に属することを明らかにしています。憲法は、立法権は国会（憲法四一条）、行政権は内閣（六五条）、司法権は裁判所（七六条）にそれぞれ属すると定めているのです。

裁判が公正に行われるためには、裁判を担当する裁判官が、いかなる圧力や干渉をも受けずに、公正無私の立場で職責を果たすことが必要です。**七六条三項**は**「すべて裁判官は、その良心に従ひ独立してその職権を行ひ、この憲法及《およ》び法律にのみ拘束される」**と規定しています。これは立法権や行政権から独立しているというだけではなく、司法権の中でも独立していることを意味します。たとえば、最高裁判所長官でも、地方裁判所の事件を担当している裁判官に対して、「裁判はこのように進めなさい」「判決はこうしなさい」と指揮命令することは許されません。裁判官は他の裁判官からも独立して職責を果たすことが求められています。

七八条は裁判官の身分保障の観点からも独立性を守ろうとしています。**「裁判官は、裁判により、心身の故障のために職務を執《と》ることができないと決定された場合を除いては、公の弾劾《だんがい》によらなければ罷免《ひめん》されない。裁判官の懲戒《ちょうかい》処分は、行政機関がこれを行ふことはでき**

ない。」とし、憲法と法律にのみ拘束され、良心に従い独立して裁判を行う裁判官は、人の心を持った「法の番人」「憲法の番人」としての役割を担うことを憲法が期待しているのです。私は、弁護士として法廷で裁判官と接する時には憲法が求める「良心」に従い判断してもらえるように心がけています。

2 裁判員制度——司法への市民参加

(1) 出発点は国民主権の理念

二〇〇九年五月に裁判員制度が始まりました。裁判員制度は、市民の中から選ばれた裁判員が刑事裁判に参加し、職業裁判官と共に被告人が有罪か無罪か、有罪だとすればどのような刑を科すかを決める制度です。裁判員裁判の審理は原則として、裁判官三人、裁判員六人で行われます。裁判員が行事等で裁判の途中で参加できなくなる場合に備えて、補充裁判員も選任されます。

裁判員制度の対象となるのは、法定刑が死刑または無期懲役《ちょうえき》・禁錮《きんこ》にあたる事件など、一定の重大な事件です。たとえば、殺人罪、強盗致死傷《ちししょう》罪、危険運転致死《ちし》罪等が対象となりま

す。

裁判員制度の構想が示された『司法制度改革審議会意見書』（二〇〇一年）は**「国民主権に基づく統治構造の一翼を担う司法の分野においても、国民が、自律性と責任感を持ちつつ、広くその運用全般について、多様な形で参加することが期待される」**としています。

裁判員制度の出発点は憲法の掲げる「国民主権」なのです。私たちは主権者として、司法にも主体的に参加することが求められているのです。

(2)どのように裁判員は選ばれるのか

裁判員は、衆議院議員の選挙権を有する者から選ばれ、このことからも国民主権に基づく制度だとわかります。司法権を担うことになるので義務教育を終了していない人、禁錮《きんこ》以上の刑に処された人などは裁判員になることができません。また、三権分立の観点から国会議員や国務大臣等、一般市民の感覚を裁判に反映させるという制度趣旨から裁判官、検察官、弁護士といった法律専門家、職務の特殊性から自衛官等は裁判員になることはできません。さらに裁判員制度では、裁判員になることは義務とされていますが、七〇歳以上の人、学生または生徒である人、重い病気やけがで裁判所に出頭《しゅっとう》することが困難な場合などは辞退することが認められています。

裁判所は毎年、衆議院選挙の選挙人名簿から無作為抽出《むさくいちゅうしゅつ》して裁判員候補者名簿を作成します。候補者には一一月中旬に来年の候補者名簿に載《の》ったことが通知されます。私が以前インタビューした裁判員経験者は、裁判所から通知が届いた時のことを「大きな封筒が届きました。『〇〇裁判所』と書いてあったので、もらったときに『私、何をしたのだろう。訴えられたのかな』と思い、ドキドキしてしまいました」と言っていました。日常生活の中に非日常の刑事裁判を感じる瞬間です。

では、ここで質問です。二〇〇九年の制度開始から二三年一二月末までの間で、裁判員・補充裁判員として刑事裁判に参加した人（裁判員経験者）は、何人くらいになるでしょうか。

Q

質問

これまでに裁判員・補充裁判員として刑事裁判に参加した人（裁判員経験者）はどれくらいでしょうか。

①約三万人　②約六万人　③約九万人　④約一二万人

正解は④です。制度施行から二三年一二月末までの間、全国六〇の地方裁判所において九万一六九九人が裁判員を経験し、三万一一六六人が補充裁判員を経験しています。[1]

裁判員経験者の中には、裁判を振り返り、

「自分の人生の中で大きな出来事だったわけだから、今までは考えなかったことも考えるようになったりとかしてるわけですよ。例えば、犯罪が起きるのはどうしてなのかとか」

「自分の人生がやはり１８０度変わった、という感じがします。社会に対する関心の度合いが一気に上がりました。それから、自分が社会の一員であるという認識がとても強くなりました」

と語った人もいます。裁判員を経験して、強烈《きょうれつ》で深く個人の内面に変化を受けた人たちの言葉です。裁判員制度は、市民が刑事裁判の担い手とするだけではなく、民主主義の担い手も増やしていく可能性を持っています。

「恐らく私、自分が裁判に関わった後に、よくよく自分のことを振り返ると、何か関心がないというか、見て見ぬふりをしてたと思うんですよね。で、そうではなくて、関わった以上、見てしまった以上、社会をより良く、というとちょっと抽象的ですけども、そういうことを伝えていく必要もあると私は思うようになりました」（40代男性[2]）

(3)市民の視点から考える

市民の視点から裁判員制度を考えたいと思い、二〇〇九年に一般社団法人裁判員ネットを立ち上げました。市民が主役の裁判員制度が始まるのに、肝心《かんじん》の市民の姿がないのではないかという問題意識でした。裁判員制度それ自体に反対する立場でも、無条件に賛成して推進する立場でもなく、市民の視点から裁判員制度についての議論の機会をつくり、あるべき姿を模索《もさく》し、情報発信を行っていきたいと考え、活動を積み重ねています。

このような取り組みから裁判員の心理的負担の重さ、守秘義務により裁判員経験の共有が妨げられていることなど裁判員制度の課題も見えてきました。これらの改善策を「市民からの提言」として発表して、最高裁判所、法務省、国会に働きかけています。一九年には法務省の「裁判員制度の施行状況等の検討会」に出席し、意見を述べました。すぐに解決する課題ではありませんが、市民参加の制度ですから制度の改善にも市民が主体的に参加することが重要だと考えています。

裁判員制度のもとでは裁判官だけではなく裁判員になる市民も「司法の独立」の担い手です。一人ひとりが悩みながらも裁判員として参加することで、慎重で多角的な視点で刑事裁判が行われることが期待できます。裁判員の責任は重いですが、その意義もまた大きなものがあります。主権者として司法にも主体的に参加することが求められているのです。

第12章のポイント

❶司法権の独立は、①政治性の強い立法(国会)・行政(内閣)から侵害されず公正な裁判を行うこと、②立法・行政が最高法規である憲法に違反していないかチェックする、という意味がある。最高法規である憲法に立法・行政が違反していないか判断する違憲審査権を持つ裁判所は「憲法の番人」である。

❷裁判が公正に行われるためには、裁判を担当する裁判官が、いかなる圧力や干渉をも受けずに、公正無私の立場で職責を果たすことが必要である。憲法は、裁判官は憲法と法律にのみ拘束され、良心に従い独立して職務を行うことが定めている。最高裁判所長官でも他の裁判官が担当する事件の裁判に関して指揮命令することはできない。

❸刑事裁判に市民が裁判員として参加する裁判員制度の出発点は憲法の掲げる「国民主権」である。私たちは主権者として、司法にも主体的に参加することが求められている。裁判員制度は、市民が刑事裁判の担い手とするだけではなく、民主主義の担い手も増やしていく可能性を持っている。

1　最高裁判所「裁判員裁判の実施状況について（制度施行～令和5年12月末・速報）」。
2　大城聡・坂上暢幸・福田隆行『増補改訂版　あなたが変える裁判員制度──市民からみた司法参加の現在』（同時代社、二〇二二）より抜粋。

第13章

地方自治

――民主主義の学校

1 地方自治

(1) 地方自治の本旨

日本国憲法には「地方自治」という章があります。戦前の大日本帝国憲法には地方自治の定めは全くありませんでした。この章では国民主権を掲げる憲法の中で地方自治がどのような意味を持っているかを考えます。

憲法九二条は、

> 地方公共団体の組織及《およ》び運営に関する事項は、地方自治の本旨に基いて、法律でこれを定める。

と定めています。地方公共団体とは、都道府県や市区町村のことで、地方自治体ということもあります。

「地方自治の本旨」がキーワードです。本旨とは、本来の趣旨や目的という意味です。英語では'the principle of local autonomy'ですので、地方自治の原理、原則ということです。地方自治の精神と言ってもよいかもしれません。

地方自治の本旨には、住民自治と団体自治の二つの要素があります。住民自治は、地方自治が住民の意思に基づいて行われるということで、民主主義、住民参加の要素です。団体自治は、地方自治が国から独立した団体（地方自治体）に委《ゆだ》ねられ、団体自らの意思と責任のもとでなされるということです。国の政府に対して自由主義、分権という要素です。

(2) 地方自治体の長と議会——二元代表制

憲法九三条二項は**「地方公共団体の長、その議会の議員及《およ》び法律の定めるその他の吏員は、その地方公共団体の住民が、直接これを選挙する。」**と定めており、地方自治体の長（都道府県知事や市区町村長）は、住民による選挙で直接選びます。また、地方議会議員も選挙で選ばれます。地方議会で議員が長を選ぶのではなく、住民がそれぞれを直接選挙で選ぶ「二元代表制」です（第3章も参照）。

同条一項は**「地方公共団体には、法律の定めるところにより、その議事機関として議会を設置する。」**とし、地方議会を「議事機関」としています。議事機関とは、議決で意思決定する機関です。地方議会は法律の範囲内で条例を制定することもできます。
これに対して、知事・市長などの長をトップとする地方自治体の行政組織は、地方議会の意思決定を受けて、予算や条例を実施するため「執行機関」ともいわれます。

(3) 地方自治は民主主義の学校

「地方自治は民主主義の学校」といわれます。これは地方自治が身近な問題を自分たちの問題として受け止めて、議論し、合意に至っていく経験をする場だからと考えられます。国の政治とは異なり、住民が直接参加する直接民主主義の制度もあります。たとえば、当該地方自体の有権者の三分の一以上の求めがあれば、その地方自治体の長や議会、議員の解職を請求できます（リコール制度）。また、五〇分の一以上の求めがあれば、条例の制定または改廃《かいはい》を提案することもできます。

市町村合併、原子力発電所誘致《ゆうち》の是非などにおいて、住民の意思を直接問うための住民投票が行われることもあります。沖縄県では、全国で初めての都道府県での住民投票として、「日米地位協定の[1]見直し及び基地の整理縮小に関する県民投票」が一九九六年に行われ、投票率五九・六三％で賛成票が九一・二六％を占めました。また、二〇一九年には米軍普天間《ふてんま》飛

行場の移設にともなう辺野古《へのこ》沿岸部埋め立ての賛否を問う県民投票が行われ、投票率五二・四八％で新基地建設反対が七二・一五％を占めました。しかし、住民投票でこれらの民意が示されても、安全保障は国政の問題であるとして、日本政府はその結果を受け入れていません。沖縄の基地問題は、国政と緊張関係のある問題について「地方自治の本旨」の団体自治がどこまで認められるのかという側面を持っています。

地域の問題は、そこで暮らす人たちにとって身近で影響の大きい問題です。それを他人任せにせずに自分たちで解決していくことが、地方自治の精神です。選挙で国会議員を選ぶだけでなく、地方自治で主体的に社会に関わることは、憲法の掲げる国民主権を実現するために必要なことです。地方自治なくして国民主権による民主主義の社会は実現しません。豊かな地方自治が国の民主主義を育てるという意味でも、地方自治は「民主主義の学校」なのです。

2 弁護士の現場から――築地《つきじ》市場の豊洲《とよす》移転問題

(1) 豊洲《とよす》市場用地の土壌《どじょう》汚染

二〇一八年一〇月、築地《つきじ》市場は八三年の歴史に幕を閉じ、新たに豊洲《とよす》市場が開場しました。豊洲《とよす》市場用地は東京ガス工場跡地で高濃度の土壌《どじょう》汚染が懸念《けねん》され、移転問題は都政を揺るがす争点となっていました。私は築地《つきじ》市場の豊洲《とよす》移転問題をめぐる三つの訴訟に弁護団事務局長として関わってきたので、地方自治の具体的な事例として紹介したいと思います。

二〇〇九年初夏のある日。築地《つきじ》市場で働く女将《おかみ》さんたちが、豊洲《とよす》への移転に関する相談に事務所を訪れました。「汚染のある土地に築地《つきじ》市場を移転させたくない」「築地《つきじ》を守りたい」という女将《おかみ》さんたちの熱い気持ちが強く伝わってきました。私が弁護士になってまだ半年くらいの時です。この時には一〇年以上移転問題に関わるとは想像できませんでした。

弁護団として関わった一つ目の訴訟は、東京都が豊洲《とよす》の汚染土壌《どじょう》を採取した検体（コアサンプル）を廃棄するのを差し止めるための訴訟です。二〇〇〇を越える築地《つきじ》市場の仲卸《なかおろし》業者が原告となり、都に対してコアサンプル廃棄差止め訴訟を提起しました。原告は、土壌《どじょう》汚染対策工事が完了するまで検体を保管することを求めていました。検体が保管されていれば、都の依頼した業者以外の専門家にも分析させるクロスチェックを行うことができるからです。汚染状況を正確に把握するために、一次資料である検体の保管が必要だと考えたのです。最終的に原告の請求は認められませんでしたが、訴訟の中で、原告が都の分析に対して不自然な点や矛盾を指摘し、都が新たな汚染を認めるということもありました。

(2) 地方自治法に基づく住民訴訟

後の二つの訴訟は、地方自治法に基づき土地購入時期に合わせて提起された住民訴訟です。地方自治体の支出や契約などの財務会計行為に関して住民は監査《かんさ》請求することができます。そして監査《かんさ》請求の結果に不服であれば、住民訴訟を提起して裁判で争うことができるよう地方自治法で定められています。住民監査《かんさ》請求と住民訴訟は、地方自治における直接民主主義の制度のひとつです。

この住民訴訟で問題とされたのは豊洲《とよす》市場用地の購入価格です。東京ガス工場跡地の豊洲《とよす》市場用地は、都の設置した専門家会議の調査で有害物質であるベンゼンが環境基準の四万三〇〇〇倍、シアン化合物が検出基準の八六〇倍など、高濃度の汚染が広がっていることが確認されていました。ところが、豊洲《とよす》市場用地の購入価格は、「汚染のない土地」としての高い評価額によるものでした。汚染された土地の価格が汚染のない場合と比べて低くなることは、一般的な感覚でも理解できると思います。通常の不動産取引でも、汚染地の価格は汚染対策費用分などが考慮されて「汚染がない場合」よりも低くなります。汚染がある土地を「汚染がない土地」として評価し購入することは、不動産取引の常識に反するのです。

民間の取引であれば、土地価格は売主と買主の交渉で決まりますから、原則として第三者がその価格について異論を述べることはできません。しかし、東京都のような地方自治体は適正な価格で取引を行わなければなりません。税金をはじめとした公金で財政がまかなわれているからです。地方自治法二条一四項は**「最少の経費で最大の効果を挙げるようにしなければならない」**と定めています。また、地方財政法四条一項は**「地方公共団体の経費は、その目的を達するための必要且《か》つ最少の限度をこえて、これを支出してはならない」**と規定しています。つまり、公金の無駄遣いは法律違反になり、損害賠償責任を負うこともあるのです。地方自治法による住民監査《かんさ》請求と住民訴訟は、この公金の無駄遣いをチェックするための制度です。

(3) 民主主義の要《かなめ》となれなかった司法

二〇一二年の第二次住民訴訟の提起から約八年以上経《た》った二〇年七月、東京地裁で判決が言い渡されました。地裁は、購入価格が汚染を考慮した本来の価格（正常価格）より約一五〇億円も高額であったとしても、それは都の裁量の範囲内だと判断し、請求を棄却しました。原告は控訴《こうそ》し、東京高裁でも約一六九億円高額だったと認定されましたが、土地取得の必要性は高く、裁量の範囲内だと判断されました。最高裁判所も高裁の判断を維持しました。

一五〇億円は人口五万人前後の市や町の年間予算にも匹敵します。また一五〇億円あれば、駅の安全対策として注目されているホームドアを三〇駅に設置できます。行政に過度な裁量を認めて、正常価格より一五〇億円あるいはさらに高く買ったことが問題ないとする裁判所の判断は、市民の常識と大きく乖離《かいり》しているのではないでしょうか。

司法の本来の役割は、時の権力者が進める事柄についても憲法・法律に照らし、間違えていれば毅然《きぜん》とおかしいと宣言することです。民主主義が多数決主義に陥らないために司法が果たす役割はきわめて重要です。司法は民主主義の要石《かなめいし》であるべきです。しかし、築地《つきじ》市場の豊洲《とよす》移転問題では司法がストップをかけることはありませんでした。この問題に関わってきた法律家の一人として、忸怩《じくじ》たる思いです。

3 民主主義の危機を克服するために

築地《つきじ》市場の豊洲《とよす》移転はブラックスボックスの中で進みました。日本の食文化の拠点であり、世界に誇るブランドであった築地《つきじ》市場がなぜ深刻な汚染のある土地に移転したのか。その理由や事実関係を都民は十分に知ることができないまま事態は進んでいきました。私たちが考え、意見を言うためには、まず知ることが必要です。私たちは劇場型政治[2]の観客ではなく、物事を決める主権者なのです。主権者として真実を知らないうちに重要な物事が決定されてしまう、これは民主主義の危機です。司法も民主主義の要石《かなめいし》の役割を果たしてきませんでした。豊洲《とよす》移転は、民主主義の危機の中で生み出された問題なのです。

豊洲《とよす》移転問題に関わり、地方自治の現場から民主主義の危機を克服するためには次の三つが重要だと肌で感じています。一つ目は「徹底した情報公開」です。小池《こいけ》都政になり、これまで表に出てこなかった移転経緯がわかるようになりました。コアサンプル廃棄差止め訴訟と住民訴訟は情報公開を促《うなが》す一端を担う役割がありました。まず知ることが大切なのです。次に「開かれた熟議」です。多様な利害関係者との開かれた形での話し合いが必要です。特定の業界団体だけに偏《かたよ》ることなく、住民も含めた多様な利害関係者との誠実な話し合いの場を持つことが重要です。三つ目は「透明性の高い意思決定」です。私は、豊洲《とよす》移転の是非を問う住民投票を行い、その結果を尊重して都知事が決定すべきだったと考えています。政治家に任せるだけでなく、私たち一人ひとりが自ら責任を持って直接意思表示することは、「地方自治の本旨」に合致した透明性の高い意思決定方法です。

これらは、豊洲《とよす》移転問題だけでなく、これから私たちが直面する問題でも民主的に物事を決める上での肝《きも》になります。豊洲《とよす》移転問題は民主主義の危機をいかに克服するかという課題も私たちに突きつけました。この課題を乗り越える不断の努力をすることは地方自治を鍛《きた》えます。鍛《きた》えられた地方自治は民主主義を育て、その担い手の住民は、鍛《きた》えられた主権者になります。身近な地方自治が民主主義を学ぶ場になると同時に、鍛《きた》えられた地方自治は民主的な社会をつくるのです。

地方自治は民主主義の学校と言いますが、お手本がある学校ではありません。住民が主権者として共に学び、共に地域をつくるときに、地方自治は民主主義を育てる「学校」になるのです。

第13章のポイント

❶日本国憲法には、戦前の大日本帝国憲法にはなかった地方自治の章が設けられている。憲法九二条が定める「地方自治の本旨」は、地方自治が住民の意思に基づいて行われる民主主義的な住民自治と、独立した団体（地方自治体）に委《ゆだ》ねられるという自由主義的な団体自治の二つの要素を持つ。

❷身近で影響の大きい自分の暮らす地域の問題を自分たちで解決していくことが、地方自治の精神である。選挙で国会議員を選ぶだけでなく、地方自治で主体的に社会に関わることが国民主権を実現するために必要であり、地方自治がなければ、民主的な社会は存在できない。

❸築地《つきじ》市場の豊洲《とよす》移転問題は民主主義の危機の中で起きた。地方自治の現場から民

主主義の危機を克服するためには「徹底した情報公開」、「開かれた熟議」、「透明性の高い意思決定」の三つが重要である。

❹鍛《きた》えられた地方自治は民主主義を育てる。鍛《きた》えられた地方自治の担い手の住民は、主権者として民主的な社会の担い手になる。民主主義の学校はお手本にならう学校ではなく、住民が主権者として共に学び、共に地域をつくる場であり、民主主義を育てる学校である。

1　日米地位協定…一九六〇年に日本と米国との間で交わされた、駐留米軍の施設・区域の使用や米兵らの取り扱いを規定した条約。現在に至って一度も改定されることがなく、特に米軍基地の集中する沖縄県では抜本的な見直しを求める声が大きい。

2　劇場型政治…明快なキャッチコピーを多用する、敵対勢力を敵・自分たちを国民に寄り添う味方であるとしてわかりやすい対立の図式をつくるなど、マスメディアを通して広く大衆に支持を訴える政治のこと。日本では「自民党をぶっ壊す」等のインパクトのあるフレーズを多く用いた小泉純一郎元首相の「小泉劇場」で知られる。有権者の関心は高まるが、「劇場」の「観客」として有権者が受け身になってしまうリスクもある。

第14章

憲法の改正

――不磨《ふま》の大典《たいてん》かアップデートか

1 憲法改正の手続

(1) 憲法が定める手続

憲法改正に賛成か、反対かと問われることがありますが、憲法には改正の手続も明記されています。**憲法九六条**は二四一頁の図のように、

> 一 この憲法の改正は、各議院の総議員の三分の二以上の賛成で、国会が、これを発議し、国民に提案してその承認を経なければならない。この承認には、特別の国民投票又《また》は国会の定める選挙の際行はれる投票において、その過半数の賛成を必要とする。
>
> 二 憲法改正について、前項の承認を経たときは、天皇は、国民の名で、この憲法と一体を成すものとして、直《ただ》ちにこれを公布する。

と、憲法を改正するためには①衆議院・参議院各三分の二以上の賛成（国会の発議）、②国民投票で過半数の賛成、③天皇が国民の名で公布、という三段階を踏むことを定めています。

国会の発議では、衆議院と参議院のそれぞれで議員の三分の二以上の賛成が必要と定めら

憲法改正の手続

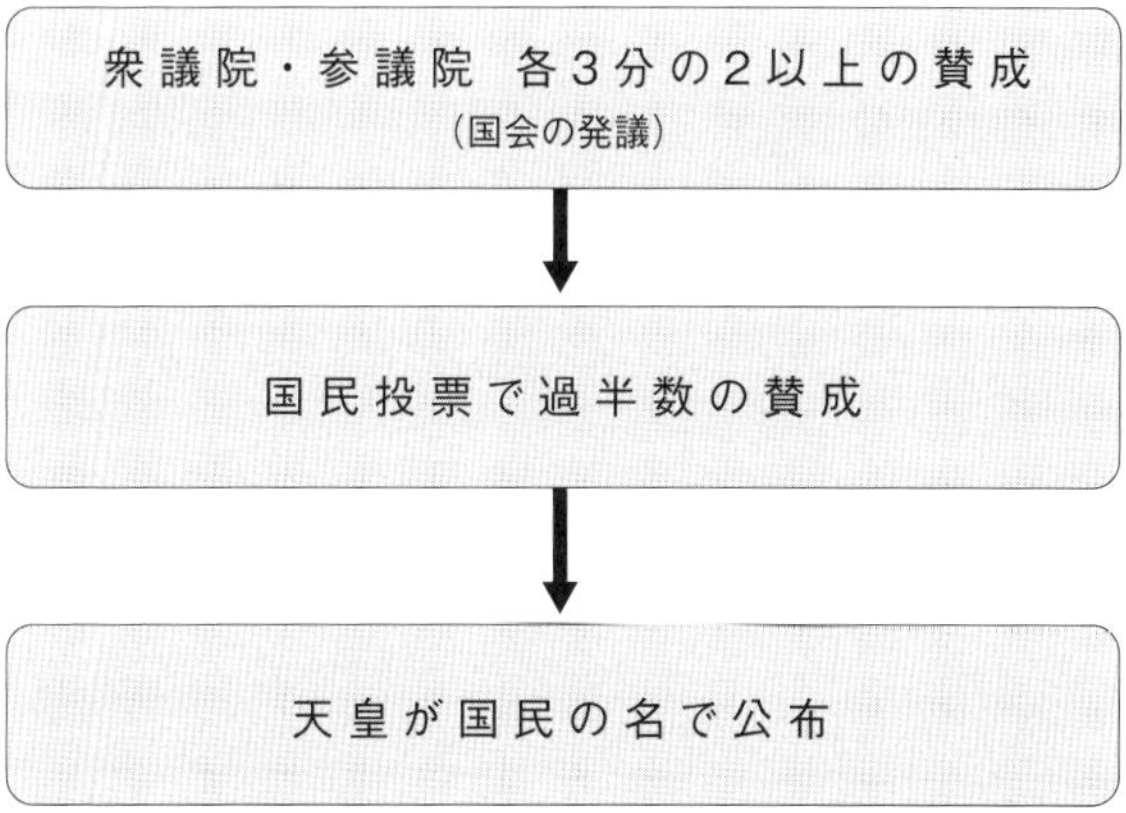

れ、さらに具体的な改正案まで決める必要があります。そして憲法が制定されて以来、憲法改正の国会の発議がされたことはありません。

次に国民投票について、二〇一六年に「日本国憲法の改正手続に関する法律（憲法改正国民投票法）」が公布施行されました。同法では、「日本国民で年齢満一八年以上の者は、国民投票の投票権を有する」と規定されています。

天皇が国民の名で公布すると定められているのは、主権が国民にあり、天皇が象徴であることを定めた憲法一条に合致するものです。

(2) なぜ厳格な手続が定められているのか

憲法に改正手続が定められているのは、時代が変化する中で社会の動きに適応して改正する必要が生じることが前提となっています。その意味で憲法は「不磨《ふま》の大典《たいてん》」ではありません。他方で、簡単に改正できると最高法規としての憲法が損なわれる可能性があります。変化に合わせて迅速《じんそく》にアップデートすれば良いというものでもありません。たとえば、もし法律と同じように改正できるとすると、憲法違反とした法律を無効にするのではなく、憲法それ自体が改正されてしまうおそれがあります。そのため憲法改正には厳しい手続を設ける必要があります。日本国憲法の改正手続は他国と比べても厳格だと言われており、それは天皇主権の大日本帝国憲法から国民主権へと大転換し、戦争放棄と平和主義の道を進むという日本国憲法制定時の強い意思の現れだと考えることもできます。

2 自民党の改憲案

第4章でも少しお話ししましたが、自民党は憲法改正を公約に掲げ、憲法改正の条文イメージとして、①自衛隊の明記、②緊急事態対応、③合区《ごうく》解消・地方公共団体、④教育充実、の四項目を提示しています。4章では特に①自衛隊の明記について詳しく触れたため、ここでは残りの三項目について考えてみたいと思います。

(1) 緊急事態条項（②）

緊急事態条項は憲法を一時停止できるようにするための規定です。三権分立を停止して国家権力を行政（内閣）に集中するものです。現行憲法では国民の権利自由を守るために設けていません。権力集中の危険性は、戦前の日本やナチスの独裁を生んだ歴史をふまえて議論する必要があります。また、憲法改正して内閣に権限を集中すれば大規模災害に備えられるというわけではありません。この点は、第5章「災害に備える―緊急事態条項は必要か」で詳しく検討したのでご覧ください。

(2) 合区《ごうく》解消等と教育充実（③、④）

合区《ごうく》とは、人口の少ない選挙区を近くの選挙区と「合併」して、人口の多い選挙区との一票格差を縮めることです。一票格差とは、議員一人あたりの有権者数が選挙区ごとに異なるため、有権者の一票の重みに不平等が生じる状態をいいます。

たとえば有権者数をA選挙区二〇万人、B選挙区一〇万人、C選挙区一〇万人として、それぞれ一人の議員を選出するとします。そうすると、人口の多い選挙区では一人が当選するために必要な票数が多くなり、一票あたりの価値が下がってしまいます。A選挙区では当選者一人につき二〇万の有権者の投票が必要であるのに対し、B選挙区では一〇万と、B選挙区の一票の重みはA選挙区の二倍になります。そこで、B選挙区とC選挙区を合区《ごうく》したD選挙区をつくると、D選挙区とA選挙区の一票の重みは同じになります。

一票の価値が重い選挙区なら少ない得票で当選できるのに、価値が軽い選挙区ではより多くの得票があっても落選するという「ねじれ」が生じます。**憲法一四条の法の下の平等**に反するなどとして、国政選挙のたびに選挙無効を求める訴訟が起こされています。

一票格差を是正するために合区《ごうく》とすると、参院選では原則として都道府県単位で一つの選挙区ですが、人口の少ない県では二つの県をまとめて一つの選挙区となります。合区《ごうく》によって参議院議員のいない県ができることになります。

自民党改憲案では、憲法改正によって一票格差が大きくなることを認めることになります。これに対しては、一票格差を容認しないで、地方自治体への権限委譲《いじょう》などで人口の少ない地方自治体が不利益とならない対策をすべきだという意見もあります。

また教育環境の充実のための改憲案も出されています。たしかに大切なことですが、教育無償化を含め教育環境の整備、充実は法整備と予算措置で実現可能です。この点は、憲法改正自体が目的化しており、改正のための改正になっているように思います。憲法を改正しなくともすぐに大学の無償化、奨学金の拡大充実などに取り組むべきではないでしょうか。

3　憲法改正の議論

(1) 新しい権利の明記

憲法が制定された当時には考えられていなかった権利を明記するために改正が必要だという考え方もあります。たとえば、「知る権利」「プライバシー権」「両者の合意による婚姻の自由(同性婚)」「子どもの権利」などがあげられます。新しい権利を明記するのは、基本的人権のアップグレードといえるでしょう。

もっとも判例で認められている新しい権利もあります。たとえば、「知る権利」は表現の自由(憲法二一条)で保障されると考えられます。プライバシー権は「私生活をみだりに公開されない法的保障ないし権利」と定義され、一三条で定める個人の尊厳を保ち幸福の追求を保障する上で必要不可欠なものであるとされます。プライバシー権は憲法に書かれていませんが、憲法に基礎づけられた権利として定着しているといえます。このように憲法の条文の改正ではなく、判例による憲法解釈で時代の変化に適応しているという面もあります。

(2)国民主権・民主主義の強化

国会（立法）・内閣（行政）・裁判所（司法）の統治機構に関する憲法改正の議論もあります。たとえば、「内閣総理大臣による衆議院の解散権の制約」「政党の明記」「憲法裁判所の新設」「政策を選ぶ直接民主制の導入」などがあげられます。

意外に感じるかもしれませんが、実は憲法には「政党」に関する規定が全くありません。そのため民主主義に重要な政党の役割を規定したほうがよいとの意見があります。憲法裁判所は、憲法判断に関する裁判を専門にする裁判所です。憲法がより重視されるように憲法判断を専門とする裁判所を設置すべきだという意見があります。これらは国民主権・民主主義のアップデートのための議論と言えます。

(3)憲法改正を知る・考える

憲法改正の手続には国民投票があります。つまり、最終的には私たち一人ひとりの一票が憲法を改正するかどうか決めることになります。そのためには、主権者として憲法改正につ

いて知り、考えることが必要です。憲法を「不磨《ふま》の大典《たいてん》」として一言一句《いちごんいっく》変えてはならないとは思いません。他方で、最高法規である憲法は安定性が求められるので、時代に合わせて迅速《じんそく》に「アップデート」すれば良いというわけでもありません。憲法を生かす中で改正すべきことが見えてきた時、私たちが主権者としてよく知り、良く考えて、決めていくことになります。

第14章のポイント

❶憲法九六条は、憲法を改正するためには①衆議院・参議院各三分の二以上の賛成（国会の発議）、②国民投票で過半数の賛成、③天皇が国民の名で公布という三段階を踏むことを定めている。厳格な改正手続を設けているのは、天皇主権の大日本帝国憲法から国民主権へと大転換し、戦争放棄と平和主義の道を進むという憲法制定時の強い意思の現れである。

❷新しい権利を明記する人権のアップデート、国会・内閣・裁判所に関する国民主権・民主主義のアップデートなど憲法改正の議論は多様である。最終的には私たち一人ひとりの一票が憲法改正するかどうかを決めるのだから、私たちは主権者として憲法改正について知り、考えることが必要である。

あとがき　私たちと憲法――生きるための武器として

私たちは、今、先の見えない不確実な時代を生きています。世界に目を向ければ、ロシアのウクライナ進攻、イスラエルのガザ進攻など凄惨《せいさん》な紛争が続いています。報道に接するたびに心が痛くなります。コロナ禍《か》は日本だけでなく世界を覆い尽くし、たくさんの命が失われました。世界各地で異常気象による被害が出ており、気候変動は差し迫った問題になっています。国内では大きな災害が続きます。東日本大震災と原発事故で多くの人たちが故郷を離れざるを得なくなりました。能登《のと》半島地震でも同じです。首都直下型地震や南海《なんかい》トラフ大地震は遠くない将来に高い確率で発生すると言われています。大雨や台風の被害は毎年のように発生し、酷《ひど》くなっているように感じます。

この不確実な時代の中で自分らしく生きていく武器が憲法です。憲法は一人ひとりが生きていくために役に立つというのが本書の視点です。マズローの「欲求の五段階説」では、「自己実現の欲求」が人間の最も高い次元の欲求だとされます。憲法一三条は個人の尊重と幸福追求権を掲げ、私たち一人ひとりが人間らしく尊厳を持って生き、幸福を追求できるに対する権利を保障しています。幸福を追求できることは自己実現に他なりません。人間の最も高次の欲求である自己実現を追求できる権利を保障しているのです。

自己実現の欲求が満たされるためには、まずその土台として「生理的欲求」、「安全の欲求」が満たされる必要があります。憲法は、奴隷《どれい》的拘束を受けないこと、適正手続によらなければ刑罰を受けないことなど、一人ひとりの自由と安全を保障しています。「健康で文化的な最低限度の生活」を保障する憲法二五条はだれもが自由で安全に生きられる最低限の生活状況を保障するものです。

マズローの言う「所属と愛の欲求」、「承認の欲求」が満たされるためには、社会とつながり、主体的に参加していることが必要です。憲法は、職業選択の自由（憲法二二条）、政治参加の自由（憲法二一条）などの社会参加を保障しています。

私たちの自由を守るために憲法は存在します。自由と安全を守り、社会に主体的に参加する権利を保障し、そして一人ひとりが人間らしく尊厳を持って生き、幸福を追求する権利を保障しているのです。憲法は、ありたい自分でいるための、なりたい自分になるための武器なのです。

「武器」という言葉を使うかどうか、実は悩みました。武器はだれかを傷つけるのではないかとも思ったからです。しかし、ハンセン病の人たちにとって法律が間違えていると宣言した力になった憲法は、やはり武器でした。最高法規である憲法は、たとえ法律であっても泣き寝入りせずに、おかしいものはおかしいと闘える武器なのです。

憲法九七条は「この憲法が日本国民に保障する基本的人権は、人類の多年にわたる自由獲得の努力の成果」だとします。イェーリングの言葉のとおり、世界中、すべての権利は闘いとられたものなのです。私たちが不確実な時代の中でも尊厳を持って自分らしく生きるためには、ミサイルや戦車を武器とするのではなく、憲法を武器として闘うべきなのです。そう確信して、生きるための武器としての憲法を書いてきました。この本がきっかけとなり、憲法があなたの武器になり、あなたの自由と安全を守り、社会に主体的に参加し、自分らしく尊厳をもって生きる力になることを心から願っています。

大城　聡

『武器としての憲法入門』巻末ブックガイド

読書とは、著者との対話であり、知識と経験の共有です。それは人生の助けになる貴重なものです。巻末ブックガイドでは各章のテーマに関する本を紹介します。本文で取り上げたおすすめの本やこのブックガイドで気になる本があれば、ぜひ手に取ってもらえるとうれしいです。本との良い出会いがありますように。

第1章　自由——憲法の役割

●神谷美恵子『生きがいについて』（みすず書房、二〇〇四）

著者によるハンセン病患者、元患者への聴き取りから、「生きがい」の喪失や新たな発見について鋭くかつ温かみのある言葉で考察されている。ハンセン病で苦しみ、隔離された人たちの内面に迫るとともに、人が生きる意味を深く考えさせられる。

●大城貞俊『椎の川』（コールサック小説文庫、二〇一八）

戦争中の沖縄の山村で母親がハンセン病を患い、村人が恐れパニックに陥る様子、家族の苦悩と情愛が描かれる。ハンセン病がどのように受け止められていたのかの一端を知ることができる。

第2章　基本的人権——天は人の上に人をつくらず

●福沢諭吉『新訂　福翁自伝』（岩波文庫、一九七八）

勉強に打ち込み、布団で寝ることはなく枕も持っていなかったという福沢諭吉の若い頃のエピソードが面白い。日本の近代化の先頭にいたことが伝わってくる自伝。

●**白川優子『紛争地の看護師』**（小学館、二〇一八）
紛争地で生と死に向き合う「国境なき医師団」の看護師のドキュメント。世界の過酷な状況から目を背けず、行動する勇気を学ぶことができる。

第3章　国民主権——だれが国を治めるのか

●**文部省『民主主義』**（角川ソフィア文庫、二〇一八）
日本国憲法ができた一九四七年に作成された中高生向けの教科書。民主主義の歴史や意義、独裁主義との関係など示唆に富む本格的な内容。今日の私たちこそ読むべき教科書。

第4章　戦争とテロ——平和主義の可能性

●**中村哲『医者 井戸を掘る』**（石風社、二〇〇一）
筆者はアフガニスタンで医療活動に長年にわたり従事、二〇一九年にテロリストに襲われ亡くなる。医療活動のために水が必要だとして灌漑工事に取り組む筆者の真摯な姿勢とまわりを巻き込み行動する人間力が伝わる本。

●**緒方貞子『私の仕事　国連難民高等弁務官の10年と平和の構築』**（朝日文庫、二〇一七）
難民援助の国連機関のリーダーであった著者が世界の紛争とどのように向き合い、平和を模索してきたかの記録。著者は国際協力機構（JICA）の理事長も務める。世界の最前線に立った筆者の行動と思いから日本の平和主義の可能性を考えることができる。

第5章　災害に備える——緊急事態条項は必要か

●フランクル『夜と霧　ドイツ強制収容所の体験記録』（霜山徳爾訳、みすず書房、一九六一）

精神医学者である著者がユダヤ人であるためにナチスの強制収容所に送られた体験を記録したもの。強制収容所での凄惨な体験が精神医学者の視点で描写されている。極限の苦難の中で最後まで勇気、誇り、他人への愛を持ち続ける人間の可能性も描かれている。

●吉田千亜『孤塁　双葉郡消防士たちの3・11』（岩波書店、二〇二〇）

東日本大震災と原発事故の時、地震・津波被災者の救助だけではなく原発構内での給水活動や火災対応にあたった地元の消防士たちがいた。その消防士たち一人ひとりの家族や生活、そして職務に向かう恐怖と決意、葛藤を伝えるノンフィクション。原発事故の過酷さを知るためにも必読の一冊。

第6章　宗教と信教の自由——人生を支えるもの

●フョードル・ドストエフスキー『カラマーゾフの兄弟』（原卓也訳、新潮文庫、一九七八）

カラマーゾフ家を舞台とした物語。父フョードルを殺した疑いをかけられる長男ドミトリー。「大審問官」の詩で世界と宗教の問題に迫ろうとする次男イワン。この物語の主人公である三男アリョーシャは修道院のゾシマ長老から「実行的な愛」を託される。父親殺しの罪を問われる裁判の場面も詳しく描かれ、人間社会の裁判と神の裁きの関係も深く考えさせられる。ロシアの作家ドストエフスキーの思想上、宗教上の集大成といえる長編小説。

●リチャード・バック『かもめのジョナサン　完成版』（五木寛之創訳、新潮文庫、二〇一四）

寓話のようにカモメを主人公として「なぜ生きるのか」「奇跡」とは何かを考えさせる本。カモメの主人公ジョナサンは、餌をとるために飛ぶのではなく、純粋に飛ぶことを極めたいといろいろな飛び方を試す。しかし、ジョナサンは異端児とされ、群れから追放される。群れから離れ、孤独に飛ぶことを極めていくジョナサンのもとに弟子入りしてくるカモメが一匹また一匹と現れる。精神性を描いた作品であると同時に、宗教や教団がどのように生まれていくかを描いた物語としてぜひ手に取ってほしい一冊。

●宮沢賢治「グスコーブドリの伝記」（『童話集　風の又三郎 他一八編』収録、岩波文庫、一九五一）

『銀河鉄道の夜』と同様、自己犠牲が物語を貫くテーマ。東日本大震災の直後に読み、余震が続く中で原発がどうなるかわからない状況は、作中の火山の大噴火と重なった。主人公ブドリは人類のために何ができるか考えて行動する。寄付やボランティアは、自分の時間やお金を他者のために使うという意味で、小さな自己犠牲のひとつ。宮沢賢治の描く自己犠牲は普遍的なもので宗教を考える上で欠かすことのできないことを教えてくれる。

第7章　メディアと学問——民主主義の出発点

●丸山真男『「文明論之概略」を読む』（岩波新書、一九八六）

福沢諭吉『文明論之概略』をテキストにした、戦後日本を代表する政治学者の丸山真男による読書会の講義を書き下ろしたもの。読み進めると明治時代に文明化、近代化を進めてきた福沢諭吉と戦後民主主義に向き合った丸山真男が時代を超えて対談しているように感じる。

第8章　経済的自由——職業と財産から考える

●カルロス・モレノ『15分都市 人にやさしいコンパクトな街を求めて』（小林重裕訳、柏書房、二〇二四）

人々が歩きや自転車で行くことができる距離に、仕事、買い物、教育、娯楽など生活に必要な機能がある「15分都市」。筆者の提案はパリ市で実施されている。「近隣ですべてのものごとを賄うというコンセプトは、人間に寄り添った形で都市の発展を導いていくものである」と筆者は述べる。高層ビルを建てることが主流の日本の再開発とは異なる考え方だ。気候変動や経済格差の解決も視野に入れ、人間らしい生活の場をつくることをめざす〝まちづくり〟の姿を学ぶことができる。

第9章　人身の自由——適正手続の意義

●ノーマ・フィールド『小林多喜二——21世紀にどう読むか』（岩波新書、二〇〇九）

二九歳で特高警察に拷問され亡くなった小林多喜二。過酷な状況で働く労働者が立ち上がる姿を描いた『蟹工船』は時代を超えて読み返され、映画化されている。

小林多喜二の生い立ちと恋愛から、反戦と社会変革をめざして拷問死するに至った人生を現代の視点から描いた本。筆者は『天皇の逝く国で』の著者としても知られる。

第10章　教育と労働——より良く豊かに生きるために

●山口揚平『なぜゴッホは貧乏でピカソは金持ちだったのか』（ダイヤモンド社、二〇一三）

あるレストランで店員がピカソにナプキンに何か描いてくれと頼み、ピカソが30秒ほどで小さな絵を描いて「100万円です」と言う。店員は驚いて「わずか30秒で描かれた絵が100万円ですか!?」と聞いた。ピカソは「いいえ、40年と30秒かけて描いたものです」と答えたという。このエピソードから筆者は「ひとつの物事が結実して目に見える価値（バリュー）になるには、才能と、長い歳月の努力とコミットメントの結果である。だから、目に見える結果だけを評価してはならない。それが生まれる原因に、目を向けなければならない」と評する。「お金とはなにか？」をわかりやすく読み解いた本。

第11章　国会と内閣──法律の作り方と使い方

●**関西学院大学災害復興制度研究所他編『原発避難白書』**（人文書院、二〇一五）

「白書」とは本来は政府が社会状況と政策について国民に知らせるために刊行するものである。しかし原発事故では、政府は十分に実態を把握せず、被害を矮小化しようとしてきた。どれだけの人々が、いつ、どこへ、どのようにして逃れたのか。そして避難した人々を取り巻く状況とはどのようなものなのか。ジャーナリスト、弁護士、研究者、支援者、被災当事者が結集し、見過ごされてきた被害の全貌を描くために編纂した本。原発事故が人々の生活にどのように影響してきたか。その被害実態を知るために読んでほしい一冊。

第12章　司法の独立と裁判員制度──市民参加の意義

●**大城聡・坂上暢幸・福田隆行『増補改訂版　あなたが変える裁判員制度』**（同時代社、二〇二三）

裁判員制度を市民の視点で検証した本。第1章では裁判員を経験した人たちの声に耳を傾ける。第2章では裁判員制度の概要と話題になってきたことをわかりやすく解説。第3章では、市民の視点から見えてきた課題とそれに対する改善案を提言している。刑事裁判の在り方を変えるだけではなく、一人ひとりの価値観を揺さぶる力のある裁判員制度の現状を伝える。

●**牧野茂・大城聡・裁判員経験者ネットワーク『裁判員17人の声』**（旬報社、二〇二四）

守秘義務があり、裁判員経験者の生の声を聞くことはほとんどない。そのため「何をしているのかさっぱりわからない」、「自分には関係ない」と思っている人も多い裁判員制度。この本ではインタビュー形式で実際に裁判員に選ばれた17人の「生の声」を伝える。体験した人だからこそ語ることができる言葉がある。これから裁判員になる人たちに特にお薦めの一冊。

第13章　地方自治——民主主義の学校

●**小松裕『田中正造―未来を紡ぐ思想人』**（岩波現代文庫、二〇一三）

足尾銅山鉱毒問題で知られる田中正造。「真の文明は山を荒さず 川を荒さず 村を破らず 人を殺さざるべし」という田中正造の思想を読み解く本。田中正造は「自治」を「どこまでもじぶんでやるせいしん」と表現している。

●**梓澤和幸・大城聡・水谷和子編著『築地移転の謎　なぜ汚染地なのか』**（花伝社、二〇一七）

本文で紹介した築地市場の豊洲移転問題。だれが、なぜ、いつ汚染地を市場移転先に選んだのか。なぜ都は土壌汚染を考慮しない高額で汚染地を購入したのか。その詳細を住民訴訟の中で入手した情報をもとに原告と弁護団が書いた本。これから地方自治が本当の意味で「民主主義の学校」になるために、民主主義の危機の中で生まれた豊洲移転問題を知ることは重要であり、筆者の一人としてお薦めしたい。

第14章　憲法の改正——不磨の大典かアップデートか

●**日本ペンクラブ編『憲法についていま私が考えること』**（角川書店、二〇一八）

憲法改正の議論が進む中、作家、詩人たちがエッセイや創作等の多彩な形で憲法についてそれぞれの言葉を紡いだ異色の本。言論・表現の自由を守り、平和に寄与することをめざす日本ペンクラブが編集。言葉の力、ペンの力を感じることができる。

著者紹介

大城 聡（おおしろ・さとる）

弁護士。東京千代田法律事務所所属。中央大学法学部政治学科卒業、同大学院および山梨学院大学法科大学院修了。26歳のときに東京都議会議員選挙に立候補（次点で落選）。その際にハンセン病に対する国の施策の誤りを正した裁判で、法律の力、司法の本来の役割を知ったのが、法律家を志す原点となる。昭和薬科大学非常勤講師として憲法入門の講義を担当。一般社団法人裁判員ネット代表理事、福島の子どもたちを守る法律家ネットワーク（SAFLAN）事務局長、公益財団法人子ども未来支援財団（旧：東日本大震災復興支援財団）監事、特定非営利団体全国災害ボランティア支援団体ネットワーク（JVOAD）監事などをつとめ公益活動にも積極的に取り組む。日本ペンクラブ会員、沖縄国際大学法政研究所特別研究員。著書・共著に『良心的裁判員拒否と責任ある参加』（公人の友社、2009）、『原発避難白書』（人文書院、2015）、『築地移転の謎 なぜ汚染地なのか』（花伝社、2017）、『裁判員制度の10年』（日本評論社、2020年）、『増補改訂版 あなたが変える裁判員制度』（同時代社、2022）、『高校生も法廷に!10代のための裁判員裁判』（旬報社、2023）、『裁判員17人の声』（旬報社、2024）など。

不確実な時代を生きる武器としての憲法入門

2025年 3月15日　初版第1刷発行

著　者　　大城 聡
ブックデザイン　吉崎広明（ベルソグラフィック）
イラスト　にしだきょうこ（ベルソグラフィック）
編　集　　川嶋みく
発行者　　木内洋育
発行所　　株式会社旬報社
〒162-0041
東京都新宿区早稲田鶴巻町544 中川ビル4F
TEL 03-5579-8973　FAX 03-5579-8975
HP https://www.junposha.com/

印刷・製本　精文堂印刷株式会社

ISBN 978-4-8451-1991-2